プロブレムQ&A

問い直す「部落」観

［日本賤民の歴史と世界］

■

小松克己・著

緑風出版

プロブレムQ&A

目次

プロブレムQ&A

プロブレム Q&A

本文イラスト＝堀内　朝彦

はじめに

この本は、一九九六年一一月に緑風出版「プロブレムQ&Aシリーズ」の一冊として刊行された『どう超えるのか？部落差別［人権と部落観の再発見］』に加筆《かひつ》し再構成《さいこうせい》したものです。同書は、『浅草弾左衛門』『西光万吉の浪漫』などで著名な小説家・塩見鮮一郎さんとの共著で、このシリーズの三つのコンセプト、すなわち①弱者・マイノリティ・人権・反権力の視点、②論じるよりも「問題をどうするか」という切り口、③わかりやすく、読みやすく、使いやすい構成、を意識して書き上げたものです。

同書では、塩見さんが「近代の差別の構造を考える」というテーマで、多岐《たき》に「近代・現代の差別の構造」を論じています。そのなかで、「差別をふくんだ近代の文化は、どのようにしてできたのか」、「農民の間で形づくられ根付いた部落差別が、どのようにして都市に運ばれていったか」なども論じています。

このことについて、塩見さんは近代社会になっても、元「えた」身分の人々の解放を阻《こば》んだのは、農民が「開化」に反対し、強行される近代化政策への怒りを元「えた」身分の人々の向けたからである、ということを考察《こうさつ》しています。近代社会になると、肉食を含めた「都市的なもの」が急激《きゅうげき》に農村に押しよせたのですが、農村では農本主義的な思考が残され続けました。その農本主義的な思考にもとづいた情報が、逆に農村から都市へと運ばれていくようにもなり、そのことは「農民が部落に対していだいていたあの思いが、都市へと持ちこまれていった」を意味した、と指摘《してき》しています。農民のいだいていた部落を憎悪《ぞうお》し忌避《きひ》するという部落観が、都市に広まり、そのようなマイナスの部落観が都市から農村に印刷物などを通じて逆流し、近代の文化のなかに「農民の部落観」が取りこまれ、マイナスのイメージが強化されたまま存続したことも指摘しています。これらは、近代化が生みだした文化という観点から部落差別を洞察《どうさつ》したもので、鋭い指摘と言えます。

同書で、わたしは「問い直す部落観」というテーマで、日本の賤民《せんみん》（被差別民）の形成・成立・確立・解体を日本の歴史の展開のなかに位置づけつつ、「なぜ反抗もなしに、江戸時代になると、特定の人々が制度的な賤民となっていったのか」を論じてみました。そして「世界史的に見ると、近代社会成立の過程で否定されるべき身分差別がなぜ、日本においては残存《ざんぞん》したのか」ということを考察してみました。

従来の部落問題・部落史関係の類書では、近代史部分になると、解放運動史的な記述に重点がおかれ、「近代社会でどのようにして、社会問題としての部落問題が成立してくるのか」、「日本の近代化のどこに問題があったのか」、ということが十分に考察され記述されていないのではないか、という気持ちがあったからです。

さらに、教育現場では、歴史学習や人権問題学習で「武士が農民の不平・不満をそらすためにえた・ひにん身分をつくった」という近世政治起源説《きんせいせいじきげんせつ》が強調されてきました。しかし、この説は、歴史学研究のうえでは実証性をもたない一面的な説であり、厳密《げんみつ》な歴史学研究の成果のうえに立脚した歴史学習や人権問題学習でなければならない、という観点から、「もうやめよう、近世政治起源説」ということを提起しました。

差別問題に詳しい小説家である塩見さんが考え続けてきたことと、現場の一教員が教室で考え続けてきたことをドッキングした「異色の一冊」だったせいでしょうか。同書は新聞紙上でも、「『固定観念』の強度」と題して、次のように紹介されました（一九九七年一月一〇日、毎日新聞夕刊文化欄）。

「固定観念《こていかんねん》」というのはなかなかやっかいなものだ。塩見鮮一郎・小松克己共著『どう超えるのか？　部落差別』は、被差別部落にかかわる「固定観念」を打ちはらってくれる。Q＆A形式の「入門書」なのだが、近年の歴史研究の成果を取り入れた内容はレベルが高い。

「固定観念」の一つは、「被差別部落の近世政治起源説」。被差別部落は、農民の不平・不満をそらし、民衆を分断支配するために徳川幕府によって制度化されたとする説である。教科書などを通じて、多くの人になじみ深いものだろう。しかし、実はこれを実証する史料はない。この本は、その点を指摘し、中世以来の長い歴史過程に差別・被差別の発生を求め、「もうやめよう、近世政治起源説」と説いている。

もう一つは壬申戸籍《じんしんこせき》について。「近世政治起源説」は「固定観念」でなくなりつつあるかもしれないが、こちらの方の「固定」の「強度」はまだ相当なものだろう。

壬申戸籍は一八七二（明治六）年に作られた日本最初の戸籍である。共著者の一人、小松氏は次のように書いている。

《これまでは、この戸籍を見ると、部落の人々には、「旧穢多《きゅうえた》」「新平民《しんへいみん》」などと記され、その戸籍から本人のもとの身分があきらかになっていた、と言われてきました。しかし、近年の研究では、壬申戸籍において、本人の族称《ぞくしょう》として

「旧穢多」「新平民」と書いたものはまずないのではないか、また、これまで知られている差別記載の例は、本人につけられたものではなく、本人の父母が死亡した場合に限って、その父母につけられたものではないか、という説が提起されています》

被差別部落にかかわるこうした「固定観念」の背後には歴史観にかかわる、もっと大きな「固定観念」があるだろう。それは、歴史を権力と反権力、進歩と反動の対決とみる。こちらの「強度」も、むろんなかなかのものだ。

「壬申戸籍は日本最初の戸籍」という点は不正確で「近代日本の最初の戸籍」と言い直すと、わたしがこの本で主張したことを正確に取り上げてくれています。

ただし、わたし自身は、歴史を国家中心、支配者中心、男性中心、自国中心にみる「固定観念」の方がはるかに強く、それらの克服が課題である、ととらえています。今後は、国境を超えた交流史・比較史、女性を含めマイノリティの歴史を重視した歴史観が求められている、と考えています。

また、読者の方からは近世政治起源説への感想とともに、「これまでこのような分野の本を読みはじめるさい、いつも『気が重い、しかし読まねば』という気持ちで読み、読み終わった後も『ため息がでるような気持ち』になったが、この本を一気に読み、これまで疑問に思っていたことが氷解《ひょうかい》するような気持ちになった」という意味の感想をいただきました。その一方で、いくつかの質問もいただきました。

同書の刊行から一〇年が経過し、この度、改訂版を考えることになり、同書を活《い》かしつつそれぞれ一冊を受け持つことになりました。その結果、塩見さんは二〇〇五年一〇月、『部落差別はなくなったのか？ 「隠《かく》すのか顕《あらわ》すのか」』を刊行しました。塩見さんの同書は、前記テーマ「近代の差別の構造を考える」をさらに深め、その考察はさらに鋭く、より説得力を増した一冊になっています。

わたしは、『どう超えるのか？ 部落差別』の姉妹編として、二〇〇五年一〇月、「プロブレムQ&Aシリーズ」の一冊として、『問い直す差別の歴史［ヨーロッパ・朝鮮賤民の世界］』を刊行しました。これは、ヨーロッパ賤民、朝鮮賤民を題材に「歴史のなかで、賤民とはどのような存在であったのか」を比較史的な観点から考察したものです。

その後、『どう超えるのか？ 部落差別』を活かした一冊として、本書を刊行することになりました。本書でも、前書での主張、すなわち近世政治起源説がこれまで果たしてきた役割を評価しつつ、教育の場・啓発《けいはつ》資料などで使われてきたこの説は「もう、やめるべきだ」という主張自体、今も有効であり、さらにこの主張を広めていく立場に変わりはないことを確信しています。ただし、この一〇年の賤民史研究の進展を反映した手直しをおこないました。そして、いただいた質問「古代賤民（被差別民）と中世賤民との関係を述べていないのは、古代賤民と中世賤民とは連続していると考えているからですか」、「このような本で近世政治起源説を否定していても、わたしが習った教科書には書いてありました。今の教科書ではどうなっているのですか」などに答えてみました。

どうも、先を急ぎすぎたようです。日本の賤民の世界がわかるように、図版も数多く入れてあります。どうぞ、急がず、ゆっくり本書をお読み下さい。本書を読み終えたのち、塩見さんの『部落差別はなくなったのか？』、わたしの『問い直す差別の歴史』へと読み進んでいただくと幸いです。本書は、この二冊の「基礎編」という要素ももっています。

Q1 日本の近代化と現在の差別とは、どのようにつながっているのですか？

日本の近代化のなかで、どのような差別が生みだされ、現在につながっているのですか？　日本の近代化と差別との関連を教えてください。

現在の日本社会でのさまざまな差別《さべつ》のなかには、前近代《ぜんきんだい》の身分制《みぶんせい》の社会が生みだした差別が、形を変えつつ維持《いじ》されてきているものがあります。それが部落差別《ぶらくさべつ》の問題です。しかし、このほかに、明治以来の近代化政策が大きく影響している差別があります。現代日本社会にいまだに残されている欧米崇拝《おうべいすいはい》、沖縄《おきなわ》、アイヌ（ウタリ）、アジアの人々への蔑視《べっし》などです。最初にこれらの差別について考えてみましょう。

これらの差別は、近代日本の「歪《ゆが》んだ歴史」が背景となっているもので、次のようないきさつから生み出されたものです。

一八八九（明治二二）年に制定された大日本帝国憲法《だいにほんていこくけんぽう》は、近代日本の国家の枠組《わくぐ》みとなりました。しかし、この憲法は自然権的《しぜんけんてき》な思想を排除《はいじょ》した憲法で、人権保障

自然権的な思想

すべての人間は生まれながらにして自由・平等であり、各個人にはいかなる権力者と言えども侵すことのできない権利を神から授けられている、という考えをいう。人間の自由・平等とともに、生命・財産を守る自然権をもっているという思想として、近代の人権思想の骨格となった。

アイヌの強制移住

北海道開拓の進行のなかで、旭川

よりも天皇の名による国民支配を優先《ゆうせん》させるものでした。大日本帝国憲法下での日本国民は、権利の主体ではなく、天皇に忠誠《ちゅうせい》をつくす「臣民《しんみん》」、すなわち天皇の家臣《かしん》・家来《けらい》にすぎない存在でした。

この憲法下に近代の日本は、欧米諸国に一刻も早く追いつけ・追い越せという「富国強兵《ふこくきょうへい》」政策をとりました。日本はその過程で、沖縄・北海道を国内での植民地《しょくみんち》として扱うとともに、対外的には、アジア諸国への侵略《しんりゃく》をおこない、台湾・朝鮮などを植民地としていきました。

「富国強兵」政策のもとで

この間、アジアの人々とともに歩む姿勢《しせい》に乏しく、「アジアの主人」として覇権《はけん》を求める尊大《そんだい》さが、日本社会を覆《おお》いました。こうした近代化の流れのなかで、国内的には沖縄の人々、北海道の先住民であるアイヌを蔑視《べっし》し、差別的な扱いをしました。対外的には、アジアの人々への優越感《ゆうえつかん》と蔑視感を拡大させ、人権を踏みにじっていく傾向を強めました。

とくに植民地とした地域では、土地を奪い、言葉を奪い、名前までも奪いました。これらを植民地朝鮮の支配でみると、朝鮮の人々に対し、田畑などの生活基盤《せいかつきばん》

周辺のアイヌは、近文《ちかぶみ》原野に強制移住させられ、和風の木造家屋に居住させられた。写真は一九〇七（明治四〇）年ごろの近文の光景である。

出典）小笠原信之『アイヌ近現代史読本』（緑風出版）

を喪失《そうしつ》させ、朝鮮語の禁止と日本語の常用《じょうよう》を強要《きょうよう》し、朝鮮人としての固有の名前から日本式の名前へと改名させること（「創氏改名《そうしかいめい》」）をしました。

欧米諸国の植民地支配は民族性《みんぞくせい》の抹殺《まっさつ》までは踏み込みませんでした。それに対し、日本の植民地支配は民族性を否定し、築きあげてきた文化までも否定する政策を採用する程の苛酷《かこく》さを有し、植民地の人々の人権を踏みにじるものでした。

現在、日本に永住している外国の人々のうち、六〇％を超える人々が在日韓国・朝鮮人です。それらの人々の多くが、今もなお本名を名乗ることができず、通名《つうめい》という形で日本名を名乗り、生活をすることを余儀《よぎ》なくされています。これらの差別があるのは、かつて本名を奪い日本式の名前を強要《きょうよう》した流れを、現在の日本社会が引き継いでいるためです。

資本主義の発展と「天皇中心の国家」

近代以降の資本主義の発展により、日本国内にも「金がすべて」という資本主義特有の風潮《ふうちょう》がもたらされました。経済的な競争に勝ち抜き、勝者となったものは尊敬され、敗れた者はそれだけで肩身《かたみ》が狭い社会となりました。貧困《ひんこん》はすべて個人の努力不足《どりょくぶそく》・怠慢《たいまん》の結果であるとみなされたからです。

創氏改名

朝鮮については、第七代朝鮮総督南次郎が「民事令の改正」という形式で強要し、一九四〇年二月から実施された。法制上は任意の届け出制であったが、実態は強制であった。拒否者に対しては行政事務・荷物運輸などを受け付けず、労務徴用の対象にしたり、子弟の入学・進学を拒むなどした。その結果、六カ月間に全戸数の約七五％が届け出た。こののちも、朝鮮の人々の戸籍は、朝鮮総督府の下におかれ、「内地」への転籍は認められなかった。

「創氏改名」は、朝鮮に徴兵制を実施するための前提としてなされた、と考えられている。徴兵実施後、大日本帝国の「天皇の軍隊」（皇軍）内に、朝鮮人名をそのまま名乗る兵士がいては「皇軍をけがす」という意識が軍指導部にあったためである。

そして、文明化＝近代化がすすむにつれ、社会生活を送るうえでの一定の生活水準が人々に意識されるようになると、貧困であるということだけで人格的《じんかくてき》にも劣っていると思い込むような精神構造《せいしんこうぞう》が、しだいにつくられるようになりました。心身障害者《しんしょうがいしゃ》・社会的な弱者となった人々に対しても「役立たず」とみなす意識が広がり、同様の精神構造がつくられ、それが今も維持されているのです。

また、明治政府は、近代日本の国家の建設にさいし、天皇中心の国家をつくりあげようとしました。そして、「天皇中心の国家」において、天皇・皇室を守るための特別の身分として、華族《かぞく》という名の貴族身分をあらたに創出《そうしゅつ》し、戸籍制度《こせきせいど》を作りました（→Q16）。さらに、天皇を頂点とする家制度《いえせいど》を確立しました。これにより家筋《いえすじ》を尊重《そんちょう》し、「家」を維持する意識が、一般庶民《しょみん》にいたるまで強められることになりました。戸籍は家ごとに各個人を把握《はあく》したものであり、各個人は所属する「家」の存続《そんぞく》を第一に行動することが求められたからです。

近代化のなかでつくられた差別

同時に、近代天皇制の確立とともに、村にあっては家筋を重んじた村落の秩序《ちつじょ》が形成され、地主による地域支配がおこなわれるようになりました。

この創氏改名は、在日韓国・朝鮮人が本名と通名（日本名）の二つをもつことの起源をなすものであり、大きな苦痛を与え続けている。

写真は、ソウル（当時京城と呼んだ）での届け出の様子である。

出典）アジア民衆法廷準備会編『写真図説日本の侵略』（大月書店）

教育においても立身出世《りっしんしゅっせ》ということが大きな目標になりました。一八七二（明治五）年、「学制」が発布され、近代教育がスタートしたのですが、学校で学ぶには月謝（授業料）が必要とされました。その当時の農民の一日の現金収入が三銭から五銭という時代に月謝は五〇銭でした。その結果、入学年齢の六歳で通学できた子どもは、三分の一にすぎませんでした。授業料が一九〇〇（明治三三）年に廃止されるとともに、就学率も高まり一九一〇年代には九〇％を超えるようになりました。しかし、当時の教育は、学ぶことにより人格を磨《みが》くという本来の姿から遠く、学問を修《おさ》めることも世に出て社会的に成功をするための手段、という性格を強くもっていました。

こうした教育のなかでは伝統的な職業は軽視《けいし》され、それぞれの人がもつみずからの技術・職業への誇《ほこ》りも失われました。代々の「家業《かぎょう》」を維持し、それをさらに継承《けいしょう》させていくという価値も重要視されなくなったのです。これは今の社会における学歴でその人を判断する風潮《ふうちょう》にも重なっています。

日本の近代化は、工業生産力が発達することにより、経済の発展、人口の大幅な増加をもたらしました。

しかしその一方、対外的にはアジア蔑視という風潮、国内的には貧しい農民・

近代日本の教育

就学率が九〇％を超える時代になっても、貧困家庭の子どもは、家業の手伝い、子守奉公、マッチの箱詰め作業などに従事し、満足な教育を受ける機会を与えられないままであった。さらに、部落の人々の場合、貧困のなかで通学できなかったり、通学しても、差別的な扱いを受け人間としての誇りを傷つけられることも多く、学ぶ機会を奪われてしまうことも多かった。図は明治初期の小学校の様子である。近世の寺子屋と異なり、同一年齢の児童が一斉に同一内容の学習をしていることがわかる。そのなかで、いち早く知識を身につけた者が、社会的な成功者にもなっていくシステムであった。

労働者を蔑視する傾向、天皇・皇室、華族の対極《たいきょく》にあった被差別部落の人々への賤視（→Q6）を固定化する傾向、跡継《あとつ》ぎを生み育てる役割としての女性という意識を固定化する傾向、などを強めました。そして、それらを資本主義の発展のなかに組み込んでいったとみることができます。

これらのことは、日本国憲法のもとに、「民主国家」として再出発した戦後の日本社会でも完全には失われず、基本的人権を侵害《しんがい》するさまざま差別事件を引き起こし続けることになりました（→Q20）。それらが現在の差別へとつながっているのです。

出典）高校日本史教科書（実教出版）

Q2 部落問題はどのような特質をもつ、どのような差別問題ですか？

部落問題のことを聞きました。部落問題はわかっているようでいて、よくわからない差別問題だと思いました。わかるように教えてください。

部落問題とはどのような問題なのでしょうか。

部落問題は、歴史的に形成されてきた「血筋・家筋意識（種姓観念《しゅしょう》ともいう）による差別」と、近代化のなかで作られてきた「貧困による差別」が、日本の近代社会のなかで国家の政策のもとに重なりあい、それが特定の地域・人々の「排除《はいじょ》」という形をとった社会問題として、一九〇〇（明治三三）年前後のころから認識されるようになったものです（→Q9）。

その「排除《はいじょ》」は、正確には集団から追放《ついほう》するものではなく、集団のなかで差別的な扱いをするものですから、疎外《そがい》、忌避《きひ》といった方が実態に近いかも知れません。

もっと誤解《ごかい》を恐れず、わかりやすいようにイメージ化すると、現在、学校という社会で問題となっているような、集団行動になじめない子ども、意思の弱い子ども、個性的な子どもなど特定の児童・生徒を対象に、「こいつはバイ菌だ、汚いぞ。つきあうとお前にもうつるぞ」といった形で、みんなで「いじめ」をする状況に似ていると言えるでしょう。

部落問題を学校という社会に置き換えてみると

学校での「いじめ」は「いじめる者」がまず存在し、その次に「いじめられる者」が存在するものです。決してその逆ではありません。また、「いじめ」は大多数の子どもたちが見て見ぬふりをする雰囲気《ふんいき》、あるいは「あいつはいじめてもいいんだ」と同調する子どもたちがいて成り立つものです。

一方、「いじめ」がおこりがちなのは、学校のきまりとしては子どもたちの間の「いじめ」を認めていないにもかかわらず、学校を運営していくうえで、そうした雰囲気《ふんいき》・同調を許容《きょよう》し、ときには助長《じょちょう》する方針を採用する教師たちが、多数を占めているためです。

こうした学校という枠組みを近代日本そのもの、「いじめ」を部落差別、雰囲気・同調を部落の人々をとりまいていた社会状況、そして、多数を占めている教師

たちを近代天皇制国家の運営者《うんえいしゃ》（指導者かつ体制維持者）と置き換えてみると、わかりやすいかと思います。

すなわち、近代の日本社会においては、自由平等をスローガンにした近代社会の通例として、制度としては部落差別を認めてはいませんでした。しかし、近代天皇制国家の運営にあたっていた天皇・皇族、政府指導者・官僚など支配層は、社会に根強く残っていた被差別部落の人々を疎外し忌避する雰囲気・同調を許容し、ときには助長することで、近代天皇制国家を運営し維持したのです。

なお、「いじめ」の場合、問われなければならないのは、バイ菌扱いされている特定の子どもたちではなく、特定の子どもたちをバイ菌扱いし、排除・疎外・忌避するという「いじめる側」の子どもたちの貧しい人間性そのものです。同時にそうした雰囲気を許し、同調し、ときには助長している大多数の子どもたち、学校のあり方も問われなければならないものです。

これを部落問題にあてはめると、差別する者の人間性がまず問われなければなりません。それと同時に、それを許し、同調し、ときには助長している部落外の人々、社会の仕組みそのものも、問われなければならないということです。

それに対し、子どもたちの間に特定の子どもたちへの「いじめ」を当然視《とうぜんし》する

近代天皇制国家

大日本帝国憲法のもとでの近代日本の国家は「近代天皇制国家」と呼ばれる。この国家体制をささえたのは、天皇に忠誠をつくす官僚と軍隊の二つであった。そして、国民に天皇への忠誠をつくさせるために重視されたのが小学校教育であった。教育内容とともに、儀式・儀礼を通じて天皇を尊ぶことを児童の身体に染みこませる工夫もおこなわれた。そのなかで、天皇への絶対服従の意識を植えつけるために天皇が下した「教育勅語《ちょくご》」を祝祭日に読みあげることが義務づけられた。左の絵は東京・湯島小学校の光景であるが、このような儀式が各地の学校でおこなわれた。中央正面に天皇の肖像画写真（「御真影《ごしんえい》」）を掲げ、奉読《ほうどく》される教育勅語を聞き入る児童は頭を下げている。「聖」なる天皇を意識すれ

ような風潮が、形成されていたとします。そして、その風潮を制度化し、学校全体で子どもたちにもそれに加担《かたん》することを求めるようなきまりを作り、加担しない子どもがいたならばその子どもを処罰《しょばつ》することを、システム化している学校があったとします。

このような学校では、きまりをつくり、それに基づいて学校を運営している教師ばかりでなく、大多数の子どもたちにも、「いじめ」はなんら「悪」ではないと認識されます。そして、みんなで特定の子どもたちを「いじめる」ことが学校生活における「当然のルール」であるかのように認識し、行動することになります。

前近代社会は身分差別を前提とした社会

前と同様にここで、こうした学校という枠組みを江戸時代そのもの、これらの教師を幕藩《ばくはん》体制の運営者、子どもたちを民衆と置き換えてみると、前近代の社会と近代の社会との違いもわかりやすいかと思います。前近代社会の身分制社会というのは「身分差別を前提とした社会」であり、身分差別は「当然のルール」であったからです。これに対し、社会の仕組みそのものが変化し、「身分差別を前提としない社会」となることによって、近代社会となります。

ばするほど、対極にある「賤」である人々も意識され、社会的に差別することも当然視されたのである。

出典）高校日本史教科書（実教出版）

ただし、江戸時代をより正確にたとえると、学校のなかで「いじめる」側と「いじめられる」側が接触《せっしょく》することが少ないように、「いじめる」側を本校として、「いじめられる」側を分校という隔離《かくり》した場所においているような形でした。そして、子どもたちはそれぞれ本校、分校で独自の生活を営みつつ、分校の運営は本校の運営に従うことが定められているような仕組みが一般的でした。

それゆえ、表面的には「いじめ」ということは、それぞれの学校内では意識もされず、めったにおこりもしなかったのです。また、一般的には「いじめる」側も「いじめられる」側も、学校とはそういうものだと思い込み、それが「いじめ」であるという感覚すら十分にはもてなかったのです。

近代になると、その本校、分校が統合される形になり、本校の子どもたちと、分校の子どもたちとがさまざま接触《せっしょく》するようになり、問題がおきることになりました。統合された学校のなかで、分校出身の子どもたち、もとの分校があった場所に移り住んだ子どもたちは、そのことを口実に「いじめ」られることになったためです。そして、統合され新しくなった学校を運営する教師たちは、その雰囲気・同調を許容し、ときには助長する方針を採用することで、新しい学校を運営していく方法を身につけるようになったのです。

これに対し、「いじめられる側」がそれを「いじめ」であると意識し、そのことを訴えるようになると、学校全体の問題、すなわち近代日本の社会問題として扱われるようになりました。

これらはイメージしやすくするためのたとえですが、たとえはあくまでたとえです。その具体的な内容については、以後の質問に答えるなかで、説明していきたいと思います。

部落問題は「差別する側」の問題

近代の社会問題としてあつかわれるようになった部落問題は、戦後も長く残され、その解決が強くもとめられるようになりました。そして、部落差別という問題が広く社会的な関心を呼ぶとともに、部落差別以外の差別領域《りょういき》、すなわち女性、身体障害者・精神障害者、ウタリ、在日韓国・朝鮮人などへの差別にも関心が広がり、その分析《ぶんせき》がなされるようになりました。

そのなかで明らかになったことは、家柄にこだわり家筋意識の高い人ほど、部落差別ばかりでなく一般的な差別の加担者になっているという事実です。

また、身元調査《みもとちょうさ》などをおこない（→Q22）、部落出身者を拒否《きょひ》する企業ほど、母《は》子家庭《しかてい》・父子家庭の生徒、在日韓国・朝鮮人の生徒の採用を拒否するという事実もあります。さらに、従業員に対し、学歴差別《がくれきさべつ》、性差別《せいさべつ》、思想・信条による差別などを含めた人権侵害《じんけんしんがい》を引き起こしているのも、こうした企業であることが明らかになっています。

現在、部落差別は人権を侵《おか》す問題であり、「許されない差別」であることを、多くの人が知っています。また、部落問題は言うまでもなく、多くの人が知っています。行政《ぎょうせい》の問題ではなく、「差別する側」の問題であることも、多くの人々が部落問題を早急《そうきゅう》に解決しなければならない人権問題と認識し、その旨《むね》を記入するようになりました。これは「いじめ」問題の場合に、「いじめ」問題とは「いじめられる側」の問題ではなく、「いじめる側」の問題であることが、社会的に広く認識されるようになったことと同様です。

しかし、一般的には部落問題を早急に解決すべき人権問題と認識しつつも、それが自分の家族・親族の身に及ぶとどうでしょうか。

家族・親族の結婚などにさいし、相手を調べ、その相手が部落出身者であることがわかると、「みんながそうしているから……」「二人がよくてもそれでは世間が通らない……」などといって、猛反対《もうはんたい》する心の働きがあり、各地で今も結婚差別などとして、この問題が表面化し、具体化《ぐたいか》しているという事実があります。

現代の日本社会において部落差別は、もはやかつてのように同じ火を使用しない、同じ食器を使用しない、といったあからさまな形ではなく、隠されています。ふだんは気にもせず普通に接し合っているが、いざ結婚などになると、非科学的であり非合理的であることを知りつつ、世間のならわし・しきたりに同調する心理が働き、相手の身元・縁戚《えんせき》関係・住所を調べ、先祖の身分を気にする心が働くということがあります（拙著『プロブレムQ＆A　問い直す差別の歴史［ヨーロッパ・朝鮮賤民の世界］』（緑風出版参照）。

部落問題を考えるときには

部落問題を考える場合、被差別部落自体の形成は前近代社会にさかのぼることになりますが、「身分差別を前提としない社会」であるはずの近代社会のなかで、なぜ日本社会においては、社会問題となり、なぜその解決が今日まで持ち越されてきているのか、という問題意識をもつことが大切であると言えます。

なお現在、被差別部落（略して部落という）と呼んでいる地域は、遅くとも一九〇五（明治三八）年前後には「特殊《とくしゅ》（特種《とくしゅ》）部落」（現在、「特殊部落」という用語は差

『プロブレムQ＆A　問い直す差別の歴史［ヨーロッパ・朝鮮賤民の世界］』（緑風出版）

別語であるとして使用されていません）と呼ばれるようになった地域です。戦後は行政用語として同和地区《どうわちく》という言い方を使用するようになりました。その行政用語も、その後は、「対象《たいしょう》地域」というきわめて不自然な言い方をするようになりました。

これらの地域は江戸時代の被差別身分の人々の居住地域が継承《けいしょう》されたものです（→Q７）。ただし、その大部分は江戸期の「えた」身分の系譜《けいふ》を引く人々の居住地域です。「ひにん（非人）」身分の系譜を引く人々の居住地域は、明治期になるとその大部分が解体したため、現在はそう多くはありません（「えた」身分と「ひにん」身分の違いはＱ４参照）。

また、被差別部落自体は、九州の炭田地帯のように、近代になってからそれまでの部落からの労働力が移動することであらたに形成されたものも、少数ですが存在します。

ただし、日本社会は、「家」という観念がきわめて強い割には「一族」という観念がそれほど強くない社会です。何世代にもさかのぼって「一族」とみなし、ともに先祖供養《せんぞくよう》をするなどということもない社会です。そのため、五～六世代前の自分の先祖がどのような人であったか、その系譜・姻戚《いんせき》関係を含めて知っている人はまずいないのが現状です。また、近代以降に日本社会では人口の流動化が進み、人々

幕末期の大道芸人

近代になると、街頭《がいとう》で芸能をおこない、生活の手段とすることも禁止された。大部分が「ひにん」身分である彼らも解体され、芸の継承《けいしょう》もおこなわれないまま、姿を消した。

出典）横浜開港資料館編『幕末日

の居住地も、江戸時代の先祖の居住地と重なるということは少なくなってきています。そのことは、現在の部落の人々も同様です。

部落における人口流動

戦前の調査でも、京都市近郊にあり全村が被差別部落であったN村では、一九一七（大正六）年の転出人口が一三九人、転入人口が三〇一人でした。そして、総人口に占めるそれらの割合は、それぞれ一五・七％、一九・八％でした。同年の京都府全体のそれぞれの割合が一二・四％、二七・五％であることと比較すると、部落と部落外の人口流動状況に大幅《おおはば》な相違《そうい》をみいだすことは困難です。また、京都市内の八つの被差別部落の住民の本籍地《ほんせきち》が居住地と同一である割合は、一九三七（昭和一二）年の調査では、五七％にすぎず、四三％が外部からこれらの被差別部落に流入してきた人々であることが明らかにされています（山本尚久「部落＝貧困の再検討」『部落の過去・現在・そして…』阿吽社参照）。

流入者のなかには、結婚によりその配偶者《はいぐうしゃ》として他の部落から移り住み、居住するようになった人々などもいたと考えられますが、部落外からの流入者も相当数いたのではないか、と考えられます。貧困になった人々、社会的弱者になった人々

本の風景と人々―フェリックス・ベアト写真集』（明石書店）

にとって、部落はその生活実態からすると、流入しやすい地域であったからです。一方、部落の富裕層《ふゆう》は、部落差別からのがれようとして、常に流出し続ける傾向がありました。

京都市内の部落における戦前の人口流動にみられるこのような状況からも、現在の部落の人々すべての系譜が、江戸時代の被差別身分の人々とは言い切れません。これまでは、「部落の人々は、明治以後も江戸期に固定された居住地に停滞《ていたい》し、部落には同じ系譜の人々が江戸期以来、居住の自由も不十分なまま、住み続けてきた」と、漠然《ばくぜん》と一般化され信じられ、こうした部落観が流布《るふ》してきました。しかし、これは京都市内の部落の人口流動にみられるように、明らかな誤りであり、一般化することができないものです。それゆえ、部落問題を考えるさいには、単純に系譜の問題と見なす考えをまず問い直し、改める必要があります。

部落問題には、系譜の問題とともに、現在の日本社会で一人ひとりがいまなお豊かな人間観、平等観、そしてそれに基づいた人間関係を築きえないまま、家筋・血筋（種姓）観念を強く残していることが根底《こんてい》にあるからです。

Q3 被差別部落は全国でどのくらいあるのですか？

被差別部落のことをよく聞きますが、身近に部落があるという話しを聞きません。いったい部落は、どこの地域にどのくらいあるのですか？

被差別部落は一般に「六〇〇〇部落、三〇〇万人」と言われてきました。しかし、政府による統計では下表のように、戦前・戦後ともこれをかなり下回っています。

このうち、戦前の調査では、一九二一（大正一〇）年に四八五三地区、一九三五（昭和一〇）年に五三六一地区となっています。この二つの調査での部落数は、近代スラムに部落の人々が混在《こんざい》している地区、都市の大部落がいくつかの地区に分けられて数え上げられていることなどから、正確なものではないと言われています。

また戦後においても、調査年によって、同和地区数・関係人口数も大きく異なっていることが、表からわかるかと思います。これは、戦後の調査年ごとに同和地区の定義《ていぎ》が明確でなかったことと、次のようないきさつがあるためです。

各年の同和地区・同和関係人口調査数

調査年	同和地区	同和関係人口
1921	4,853	829,773
1935	5,361	999,687
1958	4,113	1,220,157
1963	4,160	1,113,043
1967	3,545	1,068,302
1971	3,972	1,048,566
1975	4,374	1,119,278
1987	4,603	1,166,733
1993	4,442	892,751

注：一九二一年は内務省調査。一九三五年は中央融和事業協会調査。戦後は総理府・総務庁（一九八四年より）調査。

政府の調査によりこれまで数え上げられてきた同和地区の数は、「同和対策事業特別措置法《とくべつそちほう》」（同対法）制定以前は、同和対策事業を何らかの形でおこなってきた地区、事業を実施しなければならないと考えられていた地区の数です。それ以後は、同対法とそれを引き継いだ同和問題関係の特別措置法による、同和対策事業の「対《たい》象《しょう》となる地域」（いわゆる「対象地域」）に指定されている地域の数です。

このことから明らかなように、戦後のそれぞれの調査年の数値も戦前同様、現実の部落数・関係人口を正確に示すものではありません。たとえば、東京都には現実に部落があり、解放運動《かいほううんどう》もおこなわれていますが、この政府の統計には同和地区として一つも数えあげられていないままでした。しかし、そうしたことを踏まえたうえでの全国的な数値傾向を、この表からうかがうことはできるかと思います。

部落の全国的な分布傾向はどのようになっているのか

先の表にある通り、一九六三（昭和三八）年の調査からすると、一九六七（昭和四二）年の調査では六一五地区も減少していますが、この年の調査から二〇年を経た一九八七（昭和六二）年の調査では一〇〇〇地区あまりが増加しています。この増加はまず第一に部落の人々、部落外の人々の人権意識の高まりにより、部落差別

同和対策事業特別措置法
部落差別の根絶に向けて劣悪な被差別部落の環境改善などを進めるために、一九六六（昭和四四）年、一〇カ年の時限立法として施行され、三カ年延長された（→Q12）。

解消のためには同和対策事業による環境改善《かんきょうかいぜん》などが必要であると認識されたことによるものです。第二に運動団体などの積極的な働きかけにより、同和地区の指定を受ける地域が増えたことによります。

総務庁による一九八七（昭和六二）年三月現在の調査に基づくと、「対象地域」に指定されている同和地区は四六〇三、部落関係の人口は一一六万六七三三です。一九八七（昭和六二）年以後、同和地区の実態把握《じったいはあく》等の調査は一九九三（平成五）年におこなわれていますが、地区数・関係人口数を全国的に網羅《もうら》した形で数え上げていません。たとえば、埼玉県では一九八七年には二八一地区が数え上げられていたのですが、一九九三年には二七四地区が数え上げられているだけです。

それゆえ、ここでは一九八七年の調査データをもとに考えていきたいと思います。一九九三年以後は、全国的な実態把握等の調査はおこなわれていないままです。

一九八七年の地域ブロックごとの地区数・関係人口数および構成比（%）をあげると、下表のようになっています。

地域ブロック別の地区数は、中国地方が全体の二三・一%でもっとも多く、九州地方が一九・〇%、近畿地方が一七・四%、四国地方が一四・八%と続き、近畿

地域ブロック別の同和地区・同和関係人口など

	地区数		人数		1地区平均世帯数
	実数	%	実数	%	
関東	630	13.7	107,272	9.2	37.1
中部	552	12.0	95,796	8.2	47.2
近畿	802	17.4	494,489	42.4	178.8
中国	1,603	23.1	151,260	13.0	39.8
四国	680	14.8	131,226	11.2	58.9
九州	876	19.0	186,689	16.0	60.7
合計	4,603	100.0	1,116,733	100.0	71.3

（一九八七年調査）

以西が四分の三を占め、西日本に同和地区が多くあります。

府県別の地区数で多いのは、(1)福岡県六一七、(2)広島県四七二、(3)愛媛県四六七、(4)兵庫県三四七、(5)岡山県二九五、という順になっています。

次にブロック別の人口数をみてみると、近畿地方が全体の四二・四％を占めます。続いて九州地方が一六・〇％、中国地方が一三・〇％、四国地方が一一・二％となり、地区数では一三・七％を占めていた関東地方が九・二％、同じく一二・〇％を占めていた中部地方が八・二％となっています。近畿地方とその他の地域との差が大きいことがわかります。

府県別の同和関係人口数・世帯数

府県別の関係人口数を多い順に、全国の関係人口に占めるそれらの割合を（ ）内に示すと、(1)兵庫県一五万三三三六（一三・二％）、(2)大阪府一四万三三〇五（一二・三％）、(3)福岡県一三万五九七七（一一・七％）、(4)奈良県六万二二八六（五・三％）、(5)岡山県五万六六九六（四・九％）、となっており、西日本での人口数がきわめて多いことがわかります。

東日本で人口数の多いのは、①埼玉県四万〇三七一（三・五％）、②群馬県三万一三一三（二・七％）、③長野県二万二三九二（一・九％）、④栃木県二万一七一八（一・九％）という順になっています。

なお、総人口に対する部落人口の比率が高い市町村もあり、二〇％をこえる市町村は、一九九〇（平成二）年には、全国で二九ありました。このうち、五〇％をこえる町村が高知県で一町一村、福岡県で二町でした。最高は高知県のY村で七二・三％を占めていました。

一方、一地区あたりの世帯数をみると、一九八七（昭和六二）年三月現在では、もっとも多い近畿地方では平均一七八・八世帯、もっとも少ない関東地方は平均三七・一世帯となっています。近畿地方の平均世帯数は関東地方のそれと約五倍の開きがあることがわかります。

これは、他地区との比較でみた場合、近畿地方には大規模《だいきぼ》にまとまって住んでいる形態《けいたい》の部落が多く、関東地方には小規模に散在している形態の部落が多いという特色を示すものです（→Q7）。

なお、比較・参考できるように、一九八七年、一九九三年の同和地区・関係人口の分布表を並べておきます。

同和地区・関係人口の分布(1987年)

(総務庁調査による)

- 全国4,603地区
- ●は、政府統計で同和地区がないとされている道県。
- ① 福島、⑦ 東京、⑮ 富山は政府統計では同和地区がないとされているが、被差別部落が現実にあり、運動団体(部落解放同盟)の支部もある。
- その他の府県の(　)内は、地区数。

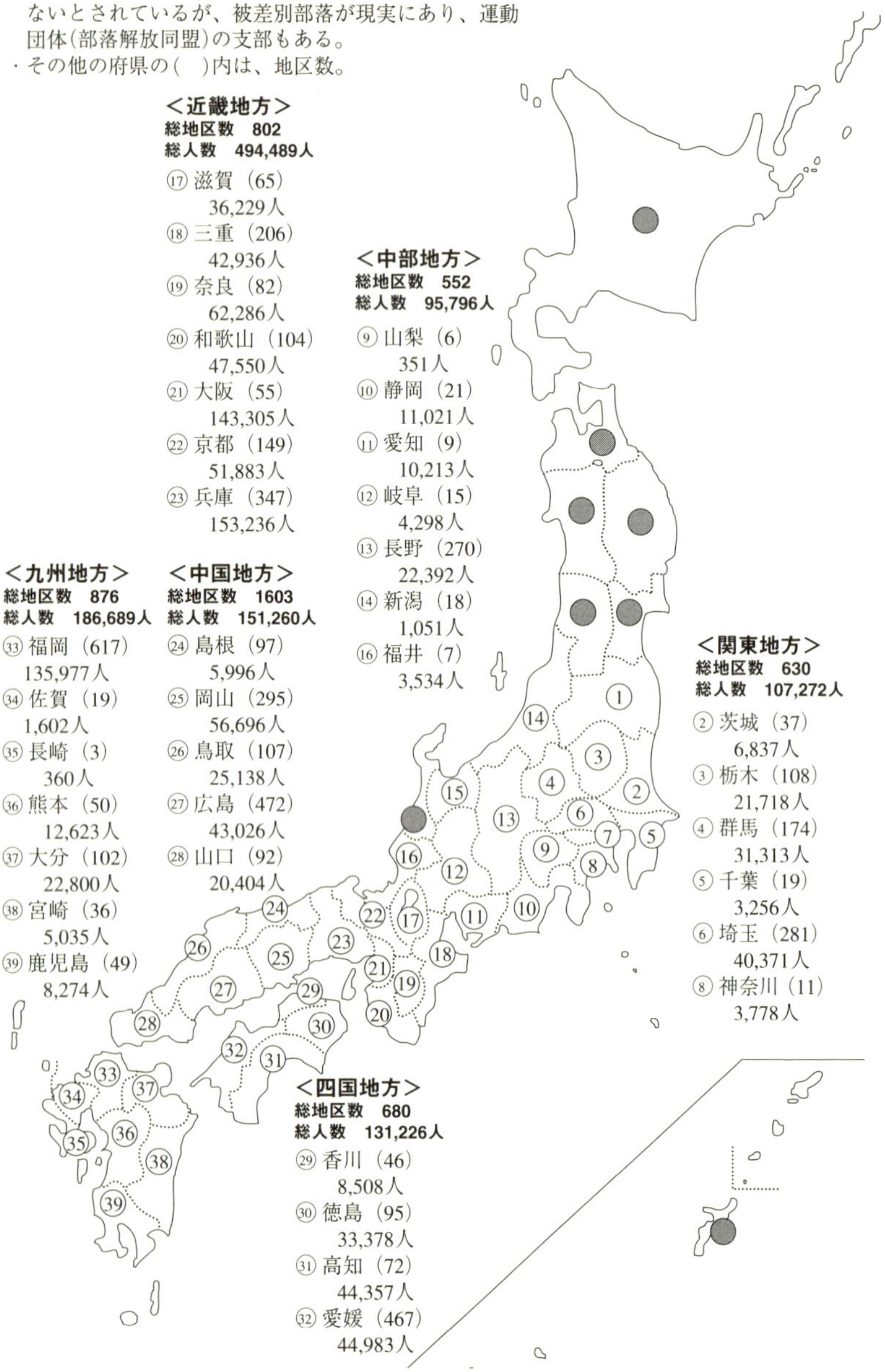

<近畿地方>
総地区数　802
総人数　494,489人

⑰ 滋賀 (65) 36,229人
⑱ 三重 (206) 42,936人
⑲ 奈良 (82) 62,286人
⑳ 和歌山 (104) 47,550人
㉑ 大阪 (55) 143,305人
㉒ 京都 (149) 51,883人
㉓ 兵庫 (347) 153,236人

<中部地方>
総地区数　552
総人数　95,796人

⑨ 山梨 (6) 351人
⑩ 静岡 (21) 11,021人
⑪ 愛知 (9) 10,213人
⑫ 岐阜 (15) 4,298人
⑬ 長野 (270) 22,392人
⑭ 新潟 (18) 1,051人
⑯ 福井 (7) 3,534人

<九州地方>
総地区数　876
総人数　186,689人

㉝ 福岡 (617) 135,977人
㉞ 佐賀 (19) 1,602人
㉟ 長崎 (3) 360人
㊱ 熊本 (50) 12,623人
㊲ 大分 (102) 22,800人
㊳ 宮崎 (36) 5,035人
㊴ 鹿児島 (49) 8,274人

<中国地方>
総地区数　1603
総人数　151,260人

㉔ 島根 (97) 5,996人
㉕ 岡山 (295) 56,696人
㉖ 鳥取 (107) 25,138人
㉗ 広島 (472) 43,026人
㉘ 山口 (92) 20,404人

<関東地方>
総地区数　630
総人数　107,272人

② 茨城 (37) 6,837人
③ 栃木 (108) 21,718人
④ 群馬 (174) 31,313人
⑤ 千葉 (19) 3,256人
⑥ 埼玉 (281) 40,371人
⑧ 神奈川 (11) 3,778人

<四国地方>
総地区数　680
総人数　131,226人

㉙ 香川 (46) 8,508人
㉚ 徳島 (95) 33,378人
㉛ 高知 (72) 44,357人
㉜ 愛媛 (467) 44,983人

同和地区・関係人口の分布(1993年)

(総務庁調査による)

- 全国4,442地区
- ●は、政府統計で同和地区がないとされている道県。
- ①福島、⑦東京、⑮富山は政府統計では同和地区がないとされているが、被差別部落が現実にあり、運動団体(部落解放同盟)の支部もある。
- その他の府県の(　)内は、地区数。

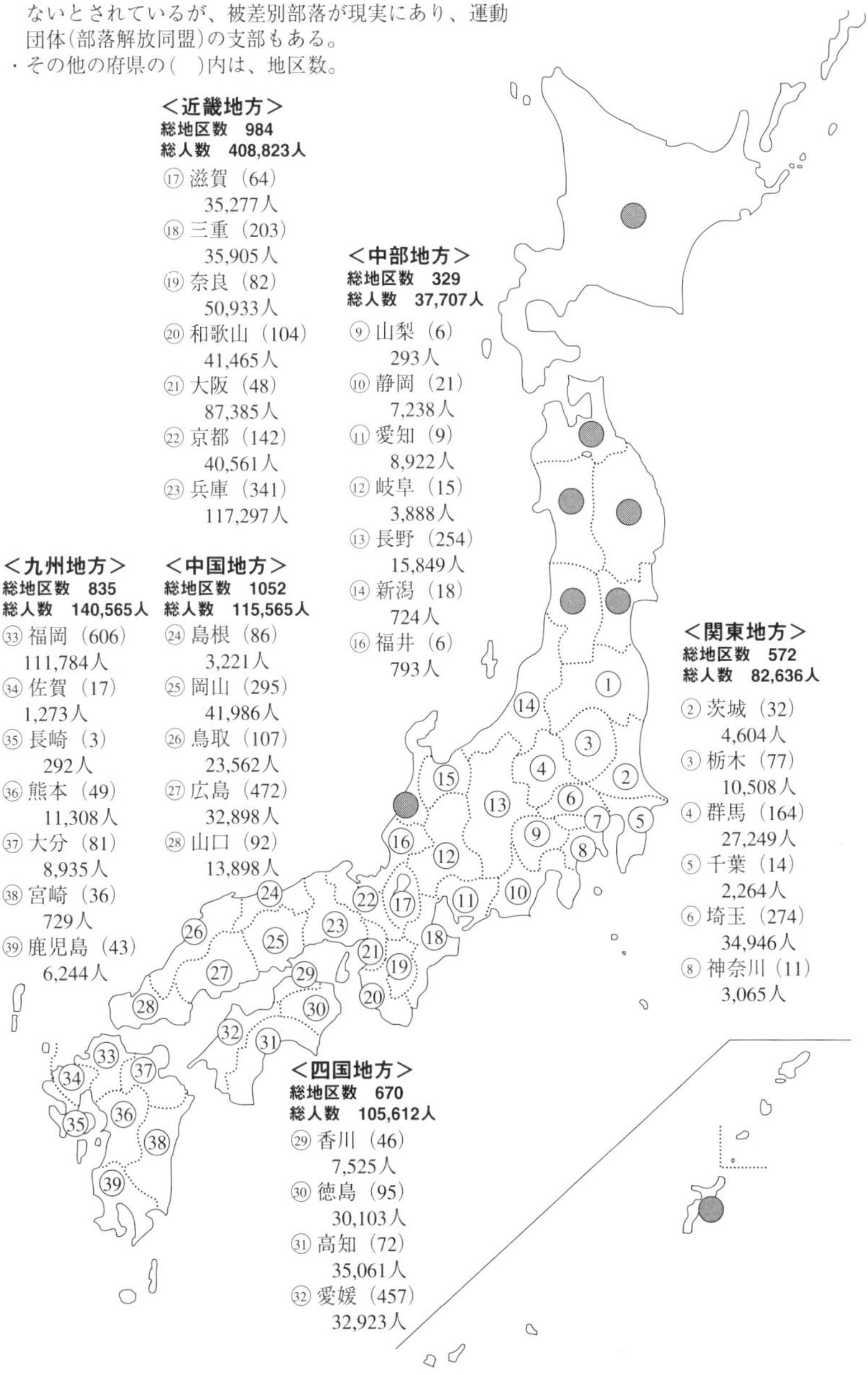

<近畿地方>
総地区数　984
総人数　408,823人

⑰滋賀(64)
35,277人
⑱三重(203)
35,905人
⑲奈良(82)
50,933人
⑳和歌山(104)
41,465人
㉑大阪(48)
87,385人
㉒京都(142)
40,561人
㉓兵庫(341)
117,297人

<中部地方>
総地区数　329
総人数　37,707人

⑨山梨(6)
293人
⑩静岡(21)
7,238人
⑪愛知(9)
8,922人
⑫岐阜(15)
3,888人
⑬長野(254)
15,849人
⑭新潟(18)
724人
⑯福井(6)
793人

<九州地方>
総地区数　835
総人数　140,565人

㉝福岡(606)
111,784人
㉞佐賀(17)
1,273人
㉟長崎(3)
292人
㊱熊本(49)
11,308人
㊲大分(81)
8,935人
㊳宮崎(36)
729人
㊴鹿児島(43)
6,244人

<中国地方>
総地区数　1052
総人数　115,565人

㉔島根(86)
3,221人
㉕岡山(295)
41,986人
㉖鳥取(107)
23,562人
㉗広島(472)
32,898人
㉘山口(92)
13,898人

<関東地方>
総地区数　572
総人数　82,636人

②茨城(32)
4,604人
③栃木(77)
10,508人
④群馬(164)
27,249人
⑤千葉(14)
2,264人
⑥埼玉(274)
34,946人
⑧神奈川(11)
3,065人

<四国地方>
総地区数　670
総人数　105,612人

㉙香川(46)
7,525人
㉚徳島(95)
30,103人
㉛高知(72)
35,061人
㉜愛媛(457)
32,923人

同和行政の終結

「同和対策事業特別措置法」以来、「地域改善対策特別措置法」、「地域改善特定事業に係る国の財政上の特別措置に関する法律」と同和問題解決のための特別措置法が名称を変えつつ制定され、環境改善事業、差別を許さずなくすための啓発事業《けいはつじぎょう》がおこなわれてきました。

このように部落差別解消への取り組みが法制上も進められるなかで、同和地区の指定を受けた地域での住宅・道路などの環境改善は著《いちじる》しく進み、生活上の格差《かくさ》の解消も大幅《おおはば》に進むようになりました。その結果、「地域改善特定事業に係る国の財政上の特別措置に関する法律」が期限切れとなる一九九七（平成九）年四月以前に、部落差別終結宣言を出すにいたった地方自治体もあるようになりました。

そうしたなかで、一九九七年四月からは、同和対策のための特別措置法を制定せずに、一般対策に移行することになりました。ただし、着手済《ちゃくしゅず》みの継続事業があることや利用度の高い個人給付《きゅうふ》事業などを一般対策にいきなり移すと影響がでると予想されたため、政府大綱《たいこう》「同和問題の早期解決に向けた今後の方策」の決定に基づき、着手済みの道路事業、奨学金《しょうがくきん》、生活指導員の設置など一五事業については、

地域改善対策特別措置法

劣悪な被差別部落の環境改善などをさらに進めるために、一九八二（昭和五七）年、五カ年の時限立法として施行された。

地域改善特定事業に係る国の財政上の特別措置に関する法律

被差別部落の環境改善などがなお不十分であるとして、一九八七（昭和六二）年、五カ年の時限立法として施行され、五カ年延長された。

さらに五年間に限って、すなわち二〇〇二（平成一二）年三月までは法的な措置を講ずることにしました。

その結果、特別措置法による対策事業が完全に失効した二〇〇二年以降は、法律上においては「同和地区」は存在しないことになりました。

この間、地方自治体として初めて同和対策事業を発足させ、部落問題の解決のために取り組んできた京都市では、一九九六年三月、市議会が全会一致の共同提案で「同和行政に関する決議」を可決しました。これは市議会が「本市はオールロマンス事件を契機に同和問題解決のために諸施策《しさく》を実施してきた。その結果、同和地区及び同和地区住民の実態は大きく改善されてきた」という認識のもとに、同和行政の終結をめざす計画の確立などを内容とする決議でした。その可決も全会一致でした。

オールロマンス事件（→Q20）を契機に、行政として部落問題対策の施策（同和行政）を強力に推進《すいしん》してきた京都市においても、このような決議が全会一致でなされるにいたったことは、関係者には感慨《かんがい》深いものとなりました。

放置されている部落

このように部落差別解消への取り組みが進められ同和行政は終結しましたが、

政府は、「地域改善特定事業に係る国の財政上の特別措置に関する法律」が施行《しこう》される一九八七（昭和六二）年四月以前、同和対策事業を実施したいところは市町村・都道府県を通じて国に報告し、所定の手続きをとるように求めました。そして報告し、所定の手続きをとったところはすべて同和地区の指定をおこない、環境改善などを進めました。しかし、それ以降は地区指定をいっさい受け付けませんでした。

そのため、これまで長い間差別を受けてきた経験から、「同和地区とはっきり指定されたら、かえって部落差別は強まるし、いつまでも差別がなくならない。『寝《ね》た子《こ》』を起こすようなことはしないで、そっとしておいてほしい」と地区指定を避けたままの地域もありました。

それに加え、部落問題の解決が「行政の責務《せきむ》」であり「国民的課題」であるということを、明確に行政のうえに位置づけることがないまま、「そっとしておいてほしい」という関係住民の声を理由に、地区指定の手続きをとることを怠ってきた市町村もありました。このほか、地区指定を望みながら一九八七（昭和六二）年四月以降、それが閉ざされ、環境改善が実施されないままになってしまった地区もあります。

未指定地区問題と神林村訴訟

これらは、被差別部落が存在するにもかかわらず、特別措置法に基づいた環境改善などの同和対策事業が実施されずに放置されたまま、今日にいたっている問題で「未指定地区問題」と言われてきました。このような地区は今も、全国で一〇〇〇地区に及ぶと考えられています。

新潟県神林村では、被差別部落の人々が生活改善のために同和対策中小企業振《しん》興《こう》資金の融資《ゆうし》申し込みをおこなったのですが、村の行政当局は「未指定地区」であることなどを理由にその申し込みを受理《じゆり》しませんでした。そのため、同村の部落の人々は、村当局が申し込みを受理しようとしないのは違法である、と提訴《ていそ》しました（神林村訴訟）。その結果、新潟地方裁判所は一九八八（昭和六三）年一月、「未指定地区」住民についても同和対策を適用し、融資申し込みを認めるべきである、という判決を下しました。これは部落の人々の主張を全面的に受け入れた判決でした。「指定地区」であろうと「未指定地区」であろうと、部落差別の解消をはかることは行政の責務《せきむ》です。部落差別の根絶《こんぜつ》のために、具体的な生活改善施策を講ずることは行政として真っ先におこなうべきことであると確認した判決結果でした。

出典）部落解放同盟中央本部編『写真記録全国水平社七〇年史』解放出版社

新潟・神林村（一九八八年）

未指定地区として環境改善などが放置されてきたため、被差別部落の環境改善はすすまず、同和対策行政の問題を浮き彫りにした。

「地域改善特定事業に係る国の財政上の特別措置に関する法律」が失効《しっこう》し、同和行政が終結したとは言え、部落差別がある限り、差別を根絶するために一般施策を重点的・優先的に実施し、生活上の格差是正《ぜせい》をはかることの重要性は今も失われているわけではありません。

ただし、同和行政が終結した今日、今まで以上に、その施策内容と予算・決算については、常に公開することを原則とし透明性を高めることや、「聖域」扱いをしないといった、部落外の人々にも納得できるような方法を講じ、理解を求めていく必要があるでしょう。

Q4 東日本での被差別部落には、どのような特色があるのですか?

東日本の部落は西日本の部落とは雰囲気・特色などがかなり違うと聞きました。東日本の部落の特色が、どのようなものか教えて下さい。

東日本では中世において、近畿およびその周辺にくらべ農業生産力が低く社会的分業もそれほど進展していなかったため、専業的《せんぎようてき》な皮作《かわさく》職人を多数生み出すほどの段階にいたっていませんでした。このため、東日本の被差別部落は近世に武士階級の必要に応じて、下級警察としての治安維持《ちあんいじ》的な仕事などをおこなわせるために設置されたものが多く、その規模も小さく点在する形態となりました。

たとえば、長野県で近世被差別部落が制度的に整えられたのは、江戸前期の終わり、元禄時代(一六八八~一七〇三年)と言われています。そして、それらの部落の性格は、次の四つに分類されています。

その第一は、善光寺などの神社仏閣《ぶつかく》に依拠《いきょ》してきた部落です。これは、それらの庭師《にわし》や「ケガレ」を清める仕事(「清め」、→Q6)をおもにするために設置されていた部落で、「庭掃《にわはき》」ともよばれていました。これらの部落の源流は、中世社会での「清め」にあると言えます。

第二は、松代《まつしろ》・上田・松本・諏訪《すわ》などの城下町の部落です。これは城下町での皮革《ひかく》加工・雑役《ざつえき》・治安維持のために設置された部落です。武士の城下町経営には欠かせない存在として、彼らが扱われたことを意味しています。

第三は、北国《ほっこく》街道・中山道《なかせんどう》といった街道の要地・宿場にある部落です。これらの部落は、街道筋の見張り・治安維持のために設置されたもので、その目的からして規模を大きくする必要はなく、小規模に散在《さんざい》させておくことが大切でした。長野県で数が一番多いのは、こうしたねらいで設置された部落です。

第四は、千曲《ちくま》川・犀《さい》川・天竜川などの流域にある部落です。これらは河川《かせん》の物資流通などのために設置され、その仕事はおもに河川交通の整備と船頭（渡守《わたしもり》）でした。

東日本の被差別部落は時期的な相違はあるにしろ、多かれ少なかれ長野県の被差別部落と同様な形成過程と性格をもっている、と考えてさしつかえないかと思います。いずれもその被差別民の源流自体は中世社会にあり、近世になってから制度化され設置されたものです。

庭掃

神社仏閣の「庭掃」は、動物の死《し》骸《がい》などを片付ける仕事（「清め」）もおこなう人々であった。

出典）奈良人権・部落解放研究所編『日本の中の被差別民』（新人物往来社）

渡守

中世においては河原は、「無主《むしゅ》・無縁《むえん》」の地であり、被差別民の居住地であった。渡守も彼らの生業の一つであった。

近世被差別民の生業

近世被差別民である「えた」身分の人々といえば、すぐに死牛馬《しぎゅうば》処理や皮革業を連想しがちですが、その大部分は農業に従事していました（→Q6）。彼らの基本的生計の大部分は農業によるものであり、このほかに草履《ぞうり》作りなどの雑業での収入が大きな比重を占めていました。

これに対し、「ひにん」身分の人々は、物貰《ものもら》い（乞食《こつじき》）、芸能、死牛馬の実際の解体処理、村々の「ひにん」番として火の用心・用水の見張り・盗賊《とうぞく》の取り締まりなどに従事する人々でした。

農村部では村が必要とする「番人」の仕事をおこなわせるために、村全体で「番太《ばんた》」とよぶ「ひにん」を抱え、その生活を保障していた地域もありました。また、「ひにん」身分は、百姓・町人（商人・職人）といった平人《へいにん》身分から脱落《だつらく》して加わったのち、再び平人身分に戻る場合もあり、平人身分とは一定のつながりを有していました。

「えた」身分の人々が携わった死牛馬処理や皮革の仕事は、彼らの身分にともなう「かわた役《やく》」という役（義務とされた仕事）の一つであり、それは百姓身分が彼ら

出典）塩見鮮一郎『弾左衛門とその時代』（批評社）

の身分にともなう「百姓役」という役を負わされていたのと同様でした（→Q10）。「百姓役」は、運送用の馬を提供し、それにともなう労役《ろうえき》である伝馬《てんま》、道路・河川の普請《ふしん》などに労力を提供する役でした。「えた」身分の人々も田畑を耕作していた場合は、百姓身分と同様に、田畑にかかる年貢などを納めていることにかわりはありませんでした。

なお、被差別部落は江戸初期にはその数が少なく、江戸中後期に増大したと考えられます。江戸中後期になってから従来の部落の人々の一部を移住させ、治安維持などのために、あらたに設置された部落も数多くあります。

東日本の近世被差別民——「えた」ではなく「長吏」と主張

東日本とくに関東地方では、部落の人々は「えた」という呼称ではなく、「長吏《ちょうり》」という言い方をしていました。

「えた」というのは、これらの人々が「ケガレを有する人々」として、賤視《せんし》し差別をする支配のしくみのなかで、これらの人々に対する公的な身分用語として使用されるようになった賤称語《せんしょうご》です。

「長吏」は本来、中世社会で死牛馬の皮剥ぎに携わる職能集団の呼称であり、

「癩者《らいじゃ》」（→Q6）に対して監督権を有する「頭《かしら》」をさす言葉でしたが、「清め」や下級警察的な業務に携わる人々の別称として、使用されるようになっていたものです。そのため、権力が「えた」という呼称で把握した近世社会になっても、東日本の部落の人々はみずからを「えた」ではなく「長吏」であると主張し、表現していました。

また、東日本、とくに武蔵国《むさしのくに》（現埼玉県・東京都・神奈川県の一部）では、山林を管理する山番、神社・寺院の田畑を管理する野番、農業用水を管理する水番《みずばん》などの番役にあたる「ひにん」身分の人々の数が少なかったため、一部の「えた」身分の人々も「山守《やまもり》」とよぶ山番《やまばん》、野番《のばん》、水番《みずばん》などの「番人」をしていました。

この番人の仕事は、武蔵の被差別部落が「長吏型部落」として存在し、浮浪人《ふろうにん》の取り締まり、盗難の警戒、盗人《ぬすびと》の捜査・逮捕《たいほ》などの下級警察的業務を果たすことで、人々の生活に欠かせない仕事をになっていたことと同じ性格を持つものでした。

武蔵国の被差別部落の場合、近世初頭からの新田開発にともない、このような山番、野番、水番として従来の部落から分けられ、小規模に設置された部落も多かったのではないかと考えられています。埼玉をはじめ東日本の近世被差別部落は、

山守

田畑を荒らすイノシシなどの警戒、盗伐《とうばつ》、山火事などを見張る仕事であった。

出典）『弾左衛門とその時代』

皮革業《ひかく》との関連で形成された部落は少ないと見られています。

東日本の近世被差別部落の特色

東日本の村において「えた」身分の人々は、「かわた役」を負担しつつ、その多くは治安維持を担当することで村人の生活を守る役目と、「ひにん」身分の人々とともに番人を務《つと》め、農業生産を滞《とどこお》りなく進展させる役目を果たした人々であった、というのが実態であり、特色と言えます。「かわた役」は治安維持のための下級警察的な業務が含まれるものでした。

幕府・藩の役人から命じられた「えた」身分の人々が、町や村の治安を乱す悪徒の捕り物に従事したさいには、時には生命をかけることが求められるほど危険な役目でした。また、「えた」身分の人々は囚人の護送、牢番、処刑場の警備、ときには百姓一揆の鎮圧に動員されることもありました。さらに、村の依頼を受け、祭《さい》礼相撲《れいすもう》の警備、放火を警戒しての「火の番」、多額の金銭を保管するさいの「金の番」などにも従事していたことが明らかにされています（斉藤洋一『被差別部落の生活』同成社参照）。

このほか、「ひにん」身分についていえば、近畿およびその周辺では「えた」身

唱聞師の分化

唱聞師は、中世社会で下級宗教者として、悪夢の災厄《さいやく》をはらう「鉦《かね》（鐘）打《うち》」、占いや祈禱《きとう》をおこなう「陰陽師《おんみょうじ》」、鉢《はち》を叩《たた》き鉦を鳴らし念仏を唱える「鉢叩《はちたたき》」「鉦叩《かねたたき》」などのほか、雑芸能でもある「金鼓打《きんくう》ち」・「曲舞《くせまい》」、ささらという楽器をもち、寺社の縁起《えんぎ》などを語り唱導する「ささら説経《せっきょう》」などの芸能をおこなった。それとともに、正月には家々をたずね、祝言をのべ歌舞をおこなう「千《せん》秋万歳《ずまんざい》」などもおこなった。

中世後期になると唱聞師の芸能での分化と専業化が進み、江戸時代になると、「鉦打」「陰陽師」「千秋万歳」系統の人々が院内村、「鉢叩」「鉦叩」系統の人々が鉢叩・鉦叩村、「ささら説経」の系統の人々がささら村とよばれる独自の集落を形成したが、賤視を受け続けた。

分の人々と「ひにん」身分の人々との間には、支配と被支配という関係はありませんでした。これに対し関東地方などでは、「ひにん」身分の人々は「えた」身分の「頭《かしら》」の支配下におかれていたことも特色の一つです。

この違いは、室町・戦国期、畿内およびその周辺では死牛馬処理を兼ねた「清め」集団と、下級宗教者で雑芸能の芸人を兼ねていた唱聞師《しょうもじ》などの集団が存在し、それぞれが職能集団としてたがいに有機的なつながりをもっていた段階から、それぞれが分化していったのに対し、関東ではその進展の度合いが低く、畿内およびその周辺にくらべ分化が遅れたことに起因《きいん》する、と考えられています（塚田孝「近世身分制支配と身分」『講座日本歴史　近世1』東京大学出版会参照）。

東日本での部落数の少なさは、このような歴史的な形成過程に起因しているものです。これに加え、これまでの解放運動の積み重ねの差と、行政当局の「地区指定」への消極性にも一因があります。そのため、東日本においては現在、数多くの未指定地区と呼ばれ、環境改善が今も求められている被差別部落が存在していることは前述した通りです。

Q5 関東・東北・北陸の部落は、どうなっているのですか？

東北地方の人々は部落問題を知らないようですが、東北には部落はないのですか？　関東・東北・北陸の部落を知りたいのですが。

政府の調査によると、東北・関東・甲信越地方などでの一九三五（昭和一〇）年、一九七五（昭和五〇）年、一九八七（昭和六二）年、一九九三（平成五年）の部落数は、次ページのようになっています。

戦前の調査に対し、戦後の一九七五（昭和五〇）年・一九八七（昭和六二）年の調査で地区数が減少している県には、小規模な部落であるために住民が転出し、今日部落が消滅したと考えられる地区も一部にはあります。しかし、それ以上に大きな原因となっているのは、市町村当局が調査と差別解消への積極的な取り組みをしなかったために、調査数に入らなかったことです。

また、一九九三（平成五）年の部落数が一九八七（昭和六二）より減少しているのは、前述したように、一九九三年の調査が地区数・関係人口を網羅《もうら》的に数え上げた調査ではなかったためです（↓Q3）。

関東の被差別部落

東京都では一九三五（昭和一〇）年に調査の結果、一〇地区が数え上げられていたのですが、一九七五（昭和五〇）年、一九八七（昭和六二）年にはいっさい数え上げられていません。これは、都の行政当局が「東京に部落はない」「東京の都市行政で対処する」という戦前からの姿勢が強いことがおもな原因で、同和地区としての指定をまったくおこなわなかったことによるものです。

しかし、江戸幕府の被差別民政策の「お膝元《ひざもと》」でもあった江戸には、浅草に弾左衛門《だんざえもん》がおり（↓Q13）、弾左衛門が関東各地の被差別民を支配していました。この江戸から発展したのが東京です。東京に部落が存在し、環境改善などを必要とする地区があることを否定することはできず、東京都はこれまで独自に策定《さくてい》した同和対策事業をいくつかの地区でおこない、環境改善・啓発などに努めてきました。

東京には、運動団体と研究機関の調査により、二四〇～二五〇の部落が

東北・関東・甲信越地方の被差別部落

	1935（昭和10）年	1975（昭和50）年	1987（昭和62）年	1993（平成5）年
青森	—	—	—	—
秋田	1	—	—	—
岩手	—	—	—	—
宮城	—	—	—	—
山形	4	—	—	—
福島	8	—	—	—
茨城	57	12	37	32
栃木	104	108	108	77
群馬	262	170	174	164
埼玉	263	281	281	274
千葉	39	18	19	14
東京	20	—	—	—
神奈川	31	4	11	11
山梨	23	—	6	6
長野	333	269	270	254
新潟	59	16	18	18

—は数え上げなかった、または不明とされた都県。

存在することが確認されています。同様に運動団体と研究機関の調査では、神奈川に約五〇地区、山梨に約五〇地区が存在することも確認されています。

東北の被差別部落

東北地方においては、中世社会での「ケガレ」観の浸透《しんとう》の度合いが他の地域にくらべ低かったと見ることができます。また、近世初頭においても、農業生産力が低いために他の地域にくらべ分業の進展の度合いも低い状態でした。そのため、「近世被差別部落の源流」となるべき人々は、それほど存在していなかったと考えられます。

しかし、「東北に被差別部落はない」との俗説《ぞくせつ》は誤りです。東北地方においても、幕藩体制の完成とともに、武士階級が皮革の確保、下級警察の役割を果たさせるために、先進地である畿内などからこれらの人々を呼び、被差別部落を設置しました。その結果、かつての城下町などに被差別部落が存在しています（成澤栄寿「東北」『部落の歴史　東日本編』部落問題研究所発行・参照）。

運動団体と研究機関のこれまでの調査で、その存在が明らかにされ、確認されている地区は、福島で一七地区、山形で一〇地区、秋田で四地区、青森で二地区、

弘前藩（青森県）の賤民

弘前藩では、丁助《ちょうすけ》と名乗る乞食頭のもとに、「えた」「ひにん」などの賤民が組織されていた。弘前の「万歳《まんざい》」も丁助配下の賤民の生業の一つであった。

出典）部落問題研究所編・発行『部落の生活史』

宮城で一地区、岩手で一地区あります。この他に史料あるいは近在の関係者の証言などにより、かつて存在したことが明らかであるが、「確認」がまだなされていない地区も数多くあります。これらは福島で数十地区、山形で三地区、秋田で一〇地区、青森で九地区、宮城で四地区、岩手で五地区となっています。

なお、近世に蝦夷地《えぞち》と呼ばれていた北海道においても、幕末期、江戸幕府が箱館（現在の函館）に箱館奉行を設置すると、被差別身分の人々を配置しています。

「ラク」という名の被差別民

東北地方のなかで、文献上からもその存在が知られているのは、出羽《でわ》地方（現秋田県・山形県）の「ラク」という名で呼ばれた被差別民です。彼らはのちに「えた」とも呼ばれ、文書類では「長吏《ちょうり》」「町離《ちょうり》」と記されていますが、この地域では一般的に「ラク」という名称で呼ばれていました。

一六〇〇（慶長五）年の関ヶ原の戦い後、常陸国《ひたちのくに》（現茨城県）水戸五四万石を領有していた戦国大名の佐竹《さたけ》氏は一六〇二（慶長七）年、徳川家康により出羽《でわ》国久保田二〇万石への領地替えを命じられました。移動した佐竹氏は二年後の一六〇四（慶長九）年に久保田城を完成させ、城下町を建設しました。

久保田城下町

この絵図は、秋田県の県庁所在地秋田市の一八世紀前半の様子をしめすものである。この絵図をみると、交通と防御のために雄物《おもの》川・仁別《にべつ》川など河川をたくみに利用しつつ、藩主の居住する御殿《ごてん》・諸役所、金蔵、馬小屋・馬場などが設けられている本丸・二の丸・三の丸を中心に、侍が集住する内町《うちまち》、町人が集住する外《と》町《まち》（茶町・米町・肴《さかな》町などよばれた商人地、大工町・鍛冶《かじ》町・鉄砲町などと呼ばれた職人地などからなる）、城下町防御のために寺院を集めた寺町と整然と区分けしていることが分かる。

各地の城下町はこの久保田城の城下町と同様な構造となっており、城下町には支配者である武士、仲間《ちゅうげん》などの武家奉公人、武士支配に必要な町人（商人・職人）が集団ごとに住この時期、佐竹氏の移動以前から日本海海運の港として繁栄していた土崎湊《つちざきみなと》には「ラク」と呼ばれる人々が居住していました。佐竹氏は、これらの人々を一六一八（元和四）年、城下町久保田に移住させ、「えた」町を建設しましたが、久保田藩（のち秋田藩）ではその居住地は通称「ラク」町と呼ばれました。

その秋田藩では一八五〇（嘉永三）年には、四七七人の「ラク」がおり、そのうち三二五人は久保田城下に居住していました。

秋田藩の「ラク」は、他の地方の「えた」と同様に皮鞣《かわなめ》し・皮細工に従事したほか、囚人の食糧の調達《ちょうたつ》に従事しました。このほか、万歳《まんざい》・猿回《さるまわ》しなどもおこなっていました。

庄内藩の城下町鶴岡や、土崎湊と同様に日本海海運の港として繁栄していた酒田湊にも、「ラク」が居住していました。庄内藩では一八一八（文政元）年、酒田に三〇軒、明治維新当時の鶴岡に二〇軒の「ラク」が居住していたことが明らかになっています。鶴岡の「ラク」は、皮鞣し・皮細工に従事したほか竹細工もおこなっていましたが、牢番・犯人の護送、犯罪人の処刑を命じられていました。

鶴岡での処刑には町人もかり出されていましたが、一八一六（文化一三）年以降は、「ラク」だけに強制され、その代わりに年に町人一軒ずつから米二升を受け取んでいた。久保田城下町の「ラク」と同様、支配に必要な賤民もまた、城下町の出入り口などに集住させ、見張り・処刑人足などに活用した。

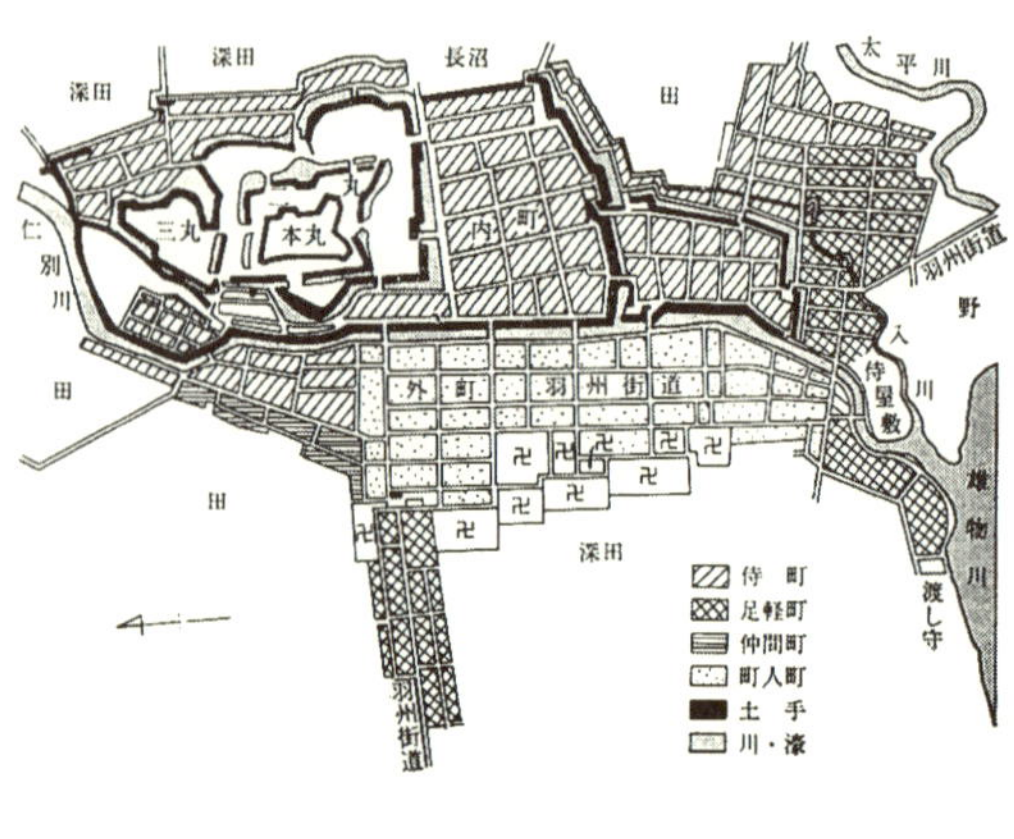

出典）半田市太郎「城下町の実例から—秋田」（『歴史公論』79、雄山閣）

る権利をあたえられました。酒田の「ラク」も同様の権利をあたえられ、処刑に従事することを強制されました。

北陸の被差別部落

新潟では、一九二八（昭和三）年に調査の結果、一五三地区が数え上げられています。しかし、一九七五（昭和五〇）年の調査ではわずかに一六地区、一九八七（昭和六二）年の調査も一八地区という少なさです。しかし、「神林村訴訟」を見ると明らかなように「未指定地区」が存在しています（→Q3）。

新潟では江戸期の城下町である高田に「えた」身分の人々の被差別部落が、治安維持のために設置され、城下町支配に重要な役割を果たしました。このほか、「タイシ」と呼ばれて差別を受けてきた人々がいます。

「タイシ」は、渡守の系譜《けいふ》につらなる人々で、その名前の由来《ゆらい》は明確でないのですが、彼ら渡守が聖徳太子を信仰していたことと深い関係があるのではないかと考えられています。戦国時代の地方豪族の実態を知ることのできる史料の一つで、新潟の中世史研究に欠かせない史料である「色部氏年中行事《いろべしねんじゆうぎようじ》」には、「タイシ」という名前が、同様に賤視されていた他の職能民とともに同列で記載されています。そ

太子信仰

中世、鉱業に従事した職能民の多くが聖徳太子を信仰した。写真は聖徳太子を本尊として祀《まつ》っている太子堂の内陣である（新潟県新発田市）。新潟県の部落への賤称は、太子信仰と関連していると言われている。

出典）部落解放・人権研究所編『続部落史の再発見』（解放出版社）

のなかで、なぜ、近世になっても「タイシ」のみに賤視が強く残され、被差別民として扱われるにいたったのかは未解明です。渡守への差別は、長野・新潟ばかりでなく福井にまでおよんでいました。それが現在にまで継続されていると言えます。

このほか、北陸地方の石川県、富山県では一九三五（昭和一〇）年に調査の結果、それぞれ四七地区、一二三地区が数え上げられています。しかし、一九七五（昭和五〇）年、一九八七（昭和六二）年、一九九三（平成五）年には両県とも数え上げられていません。

両県は近世に加賀《かが》藩とその支藩である富山藩の支配下にあり、「藤内《とうない》」という名称で呼ばれていた被差別民が数多くいました。

「藤内」という、この地域での独特の被差別民の名称そのものの由来は不明ですが、「藤内」は、死牛馬処理をおこなう「えた」とは別でした。その生業は、火葬、医療・施薬《せやく》、助産《じょさん》、灯心《とうしん》・草履《ぞうり》製造などでした。これらの人々には、公事場《くじば》の役務として囚人の縄取り・町中の引き廻し、磔《はりつけ》、処刑人の埋葬などの仕事が課せられました。また盗賊改方《とうぞくあらためかた》の配下として、放火、盗人、遊芸人・徘徊《はいかい》人などの取り締まりに従事し、領内の「ひにん」もその支配下においていました。この「藤内」という名称は、現在も両県で差別語として生きているという実態があります。

色部氏
越後国小泉荘《こいずみのしょう》加納方《かのうがた》色部条《いろべのじょう》（新潟県神林村）を本拠とした在地豪族で、鎌倉幕府成立後、この地を地頭《じとう》として支配した。戦国期には上杉氏にしたがい、のちに上杉氏が会津、会津から米沢へと領地替えされるともに移り、色部氏も米沢藩士となった。

関東・東北・北陸での被差別部落は小規模に散在しているのが現状です。それゆえ、これらの地域においては、差別の厳しさと行政の消極的姿勢とのなかで、劣悪な生活環境のまま放置されている被差別部落が数多く存在している、と考えてよいのではないかと思います。

東日本全体での部落数は畿内およびその周辺にくらべてもともと少ないものですが、それでも、今後の調査が深まるにつれてもっと増加するのではないかと考えられます。

Q6 被差別部落はもともとどのようにして形成されてきたのですか？

被差別部落が形成された動きを知りたいのですが……。特定の人々がなぜ蔑視され、差別され、排除されるようになったのですか？

特定の人々を「ケガレを有する人々」として扱い、社会的に排除しようとする動きがあらわれるのは、いったいいつごろからなのでしょうか。この動きこそが被差別部落の形成の原点となった動きです。そのことを考えるために、一枚の絵を見てみましょう（右図）。

この絵は、六道思想をもとに、平安末期から鎌倉初期にかけて制作された『地《じ》獄草紙《ごくぞうし》』（2巻、ほかに別巻2巻）という絵巻の一場面です。当時、仏教思想のなかでも六道思想が広まりました。『地獄草紙』は、その六道思想を反映し、地獄の悲惨な姿を写実的に描いています。それゆえ、当時の人々の人間観・世界観がうかがわれる興味深い絵巻です。この絵巻では、屠殺《とさつ》・皮剥《は》ぎをおこなう人間は死後、剥肉地獄《はくにくじごく》におとされ、自分の皮を剥がされるという思想をリアルに表現していま

六道思想

仏教の世界観では、地獄《じごく》・餓鬼《がき》・畜生《ちくしょう》・阿修羅《あしゅら》・人・天の六つの苦難にみちた世界があるとされ、これを六道といった。人間は、ひたすら念仏をとなえることで、地獄などの世界に落ちることから救われるとされた。平安中期以降、仏教思想の教化のために、これらの世界が描かれたが、その代表的な絵巻が『地獄草紙』『餓鬼草紙《がきぞうし》』である。

す。

このように中世社会において、もっとも忌避・賤視されたのは、さまざまな被差別民のうち、とくに屠殺・皮剥ぎに携わっていた人々でした。彼らは「ケガレを有する人々」として、死後、このようなあつかいを受けるものと考えられ、そのように教えられていたのです。

「ケガレ」・「ハレ」・「ケ」の循環

「ケガレ」というのは本来、民俗学からすると、「ケ」が「カレル（枯レル）」ことを意味していたようです。「ケ」とは、非日常的な状態として特別視される「ハレ（晴）」という観念に対し、日常的な状態を意味する「ケ（褻）」の意味であるとともに、生命の成長・持続を支える「ケ（気）」という意味も有するものである、と考えられています（宮田登『神の民俗誌』岩波新書・『ケガレの民俗誌』人文書院参照）。

このように原初の「ケガレ」は、生命の成長・持続を支

『地獄草紙』での「剥肉地獄」
出典）小松茂美『日本絵巻大成７』（中央公論社）

える霊力が枯れた状態を意味するもので、ケガラワシイもの・ケガラワシイ状態そのものをさしていたわけではありません。しかし、「ケ」が「カレル」状態は、同時にそれが持続されること、いわゆる「不浄《ふじょう》」・「汚穢《おえ》」という状態を派生させていくことになるので、「ケガレ」という用語は、ケガラワシイもの・ケガラワシイ状態そのものを意味する用語として、受けとられるようになっていったのではないか、と考えられています。

現在の民俗学では、これまでの「ハレ」と「ケ」の二元的対立から、「ハレ」と「ケ」の媒介《ばいかい》項として「ケガレ」をとらえ、「ケ」から「ケガレ」、「ケガレ」から「ハレ」、「ハレ」から「ケ」と循環し展開する、という説も提起されています（桜井徳太郎『日本民俗宗教論』春秋社参照）。

このように、「ケガレ」という意識自体は古代社会から存在し、すべての人々がかかわるものであったもので、特定の人々が生まれながらに「ケガレを有する人々」とは考えられていませんでした。「ケガレ」た場合は、水の霊力により「ケガレ」を洗い流す「禊《みそぎ》」や、神仏に祈りその力で「ケガレ」を取り除く「祓《はらえ》」という手段によって清めることで、誰でもが「ケガレ」を有する状態から日常的な状態（「ケ」）に戻れたのです。

「ハレ」・「ケ」・「ケガレ」の循環

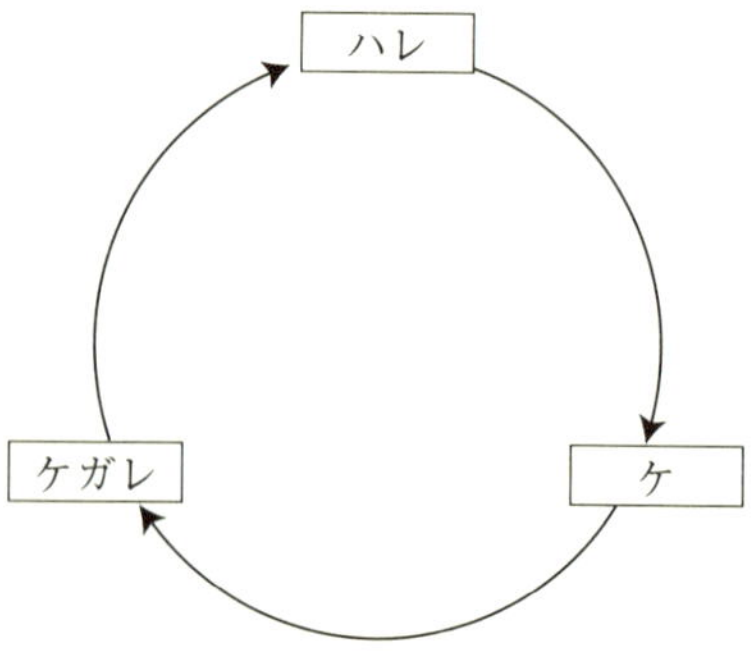

「ケガレ」の集中

しかし、天武《てんむ》朝のころ、すなわち大和政権での「第一人者」的な地位である「大王《おおきみ》」が卓越・絶対的な地位を示す「天皇《すめらみこと》」という称号を使用し始める七世紀後半に、「浄《じょう》」の観念が急速に高められるようになりました。それとともに、その対極的な観念として「穢《え》」という観念も強く意識されていくようになりました。そして、それが中世社会になると、仏教思想、陰陽五行《いんようごぎょう》説にもとづいた陰陽《おんみょう》道の浸透などにより、特定の行為と特定の人々へとしだいに集中するようになった、とみることができます。

そのはじまりの時期は、平安貴族の間で仏教思想の呪術化《じゅじゅつか》と陰陽道の複雑化が進展し、天皇の「聖」と「浄」が強調された一〇～一一世紀と考えられます。九二七（延長五）年に律令の施行細則の集大成として完成した『延喜式《えんぎしき》』では、「凡《おおよ》そ、鴨御祖社《かものみおやしろ》南辺は、四至《しし》の外に在りと雖《いえど》も、濫僧《ろうそう》・屠者《としゃ》等、居住することを得《え》ざれ」と規定しています。濫僧は僧形の乞食、屠者はいき物を殺す者を意味します。

『延喜式』では死穢《しえ・しにえ》・産穢《さんえ》・六畜《ろくちく》（馬・羊・牛・犬・豚・鶏）の穢などについて規定し、肉食も穢とみなしています。そのなかにある、「（清浄な地である）鴨御祖社

陰陽五行説にもとづいた陰陽道

古代中国では、「陰」と「陽」という相《あい》反する二種の「気」があり、天地の間には「五行」と呼ばれる木《もく》・火《か》・土《ど》・金《ごん》・水《すい》の循環し流行する五つの「元気」があるという陰陽《いんよう》五行《ごぎょう》説が発達した。このうち、木・火は陰に属し、金・水は陽に属し、土はその中間にあるとされた。そして、自然界の万物はすべて陰と陽という二気から生じるとし、これらの消長によって、自然災害、人間における凶事・吉事を説明し因縁《いんねん》づけた。

この陰陽五行説にもとづき、災厄《さいやく》を避け福を招くための方術として発展したのが陰陽道《おんみょう》であった。平安中期以降、貴族の生活を強く拘束《こうそく》する呪術となり、中世において一般庶民にも普及するようになった。

（下鴨社のこと）の南辺すなわち鴨川と高野川の合流地である南の河原の地は、濫僧・屠者などが居住してはならない」という規定は、中国の「経時祭式《けいじさいしき》」から転載したものであり、この規定通りに、「濫僧」「屠者」といった人々がいたのか、また、その生活実態としてどこまであてはまるのかどうか不明です。しかし、農業共同体からの脱落者・屠殺《とさつ》に携わる人々を「ケガレを有する人々」として扱い、排除しようとする意識が平安貴族社会にすくなからず生じていることを示すものです。

ここに記されている、濫僧・屠者とも中世社会のなかで、のちに「ひにん（非人）」と総称され、賤民（被差別民）として扱われていくようになる人々です。

「ひにん」という用語

中世社会での被差別民の総称となった「ひにん」という用語は、もともと仏教用語であったと考えられています。日本最古の仏教説話集『日本霊異記《にほんりょういき》』（八二二年頃成立）には、「ひにん」は牛頭人身《ぎゅうとうじんしん》の姿をもった存在として描かれています。

同時に、藤原氏が他の中央貴族を排斥《はいせき》し摂関政治を樹立する過程で、橘逸勢《たちばなはやなり》らを謀叛《むほん》を企てたという罪名で処罰した承和《じょうわ》の変（八四二年）では、橘逸勢を「非人」の姓にして流罪《るざい》にしています。

承和の変

伴健岑《とものこわみね》・橘逸勢《たちばなのはやなり》が皇太子恒貞《つねさだ》親王をおしたて、東国の兵を結集し謀叛を企てようとしているとして、朝廷は両名を尋問《じんもん》した。拷問《ごうもん》による自白をもとに、、謀叛事件とみなし、首謀者伴健岑を隠岐《おき》に、橘逸勢を伊豆《いず》に配流としたが、逸勢はその途中で死亡した。この事件により、恒貞親王は皇太子を廃され、かわって、藤原良房《よしふさ》の甥である道康《みちやす》親王（のちの文徳天皇）が皇太子となった。

事件の真相は、伴健岑・橘逸勢・恒貞親王に反乱を起こすべき理由が見当たらないことから、藤原良房が道康親王を皇太子にするためにおこした陰謀《いんぼう》事件と考えられている。

癩者

癩病はハンセン病ばかりでなく皮膚病も含むものであったが、「神仏の罰」とされた。神仏の罰が具体的謀反人として認定した者を「ひにん」として処罰したことを考えると、「ひにん」という用語には、儒教思想も関連しているのではないかとも考えられています。儒教では、謀叛などの犯罪はたんなる刑法上の罪であるばかりでなく、宗教上の罪、すなわち「ケガレ」ともみなしていました。

その後、「ひにん」という用語は、牢獄《ろうごく》に送られ監禁《かんきん》されている「獄囚《ごくしゅう》」、牢獄から釈放《しゃくほう》されその後犯罪取り締まりに従事することになった「放免《ほうめん》」、さらに流浪《るろう》し寺社の門前などで物乞《ものご》いをする「乞食《こつじき》」、皮膚病・ハンセン病患者である「癩者《らいじゃ》」などを意味するようになりました。

とくに「ひにん」という集団の形成には、癩病と見なされ共同体から追放された「癩者」が主体となったのではないかと考えられています。そこには、癩病を「ケガレ」とみなし、「ケガレ」を恐れ、癩者を統制し管理することを重要視した支配者層の強い意向がありました。

「ひにん」という用語はさらに、体制から離脱あるいは脱落した「獄囚」「乞食」「癩者」といった人々ばかりでなく、犯罪人の逮捕・清掃・葬送・呪術《じゅじゅつ》的な芸能と宗教行為・屠殺などに携わった職能民一般を広く総称する言葉としても使用されるようになりました。それは、「ケガレ」思想の肥大化とともに、彼らが広い意味で

に身体におよんだと見なされた癩者は、厳しい差別を受けた。外観の病状が目立つため、顔を布で覆《おお》っていた彼らが、路傍《ろぼう》で物乞《ものご》いをしているところが描かれている。『一遍上人絵伝』。

出典）拙著『部落問題読本』（明石書店）

「ケガレ」を有する存在として意識されるようになったことを反映していました。

中世社会の開始

なお、古代社会が解体し中世社会が開始されるのはどの時点からか、ということについては、歴史の発展段階でどの要素を重視するかということがあり、一概《いちがい》には決定できず諸説があります。歴史のうえでは、古代律令国家体制下で、戸籍と計《けい》帳《ちょう》（租税台帳）による民衆支配が困難となり、課税対象をそれまでの戸籍に登録した人間から、耕作地（田地）そのものへと転換していったのが、一〇世紀前半です。

この時期、社会も大きく転換し、在地の豪族の私領である荘園《しょうえん》が、経営基盤は不十分で不安定であるとはいえ、しだいに拡大します。そして、公地公民制のもとでの口分田《くぶんでん》を継承した公領《こうりょう》の支配も、その後は荘園の支配の仕組みと大差がないようになっていきます。

さらに、一一世紀後半からの院政時代には、荘園制（厳密《げんみつ》には荘園公領制）が社会の骨格となり枠組みとなります。院政というのは、引退した天皇である上皇《じょうこう》がそれまでの先例・慣習にあまりとらわれずに政治をおこなうために、白河上皇が一〇八

公領

貴族・寺社が、年貢《ねんぐ》（収穫した米が中心）、夫役《ぶやく》（年貢運搬・雑役）などの税を荘民から収取する荘園が成立した。その一方で、私田とでも呼ぶべき荘園とはならず、口分田の流れを継承し、朝廷が任命した国司とその役所（国衙《こくが》）が支配する公田があった。この公田では、官物《かんもつ》（収穫した米の約三〇％が基本）、臨時《りんじ》雑役《ぞうやく》（手工業製品・特産物、雑役）

六（応徳三）年より開始したもので、院政時代は三代約一〇〇年間にわたり続きます。この間、一一八五（文治元）年には鎌倉幕府が事実上、成立することになりました。

中世社会は、この院政時代が開始されたころには、遅くとも成立したと見ることができます。院政初期には、平安中期に国家が必要とする軍事力として組織された職能民である武士も、社会的な地位を確立するようになりました。

被差別部落の胚胎期

院政が開始される以前、源経頼《みなもとのつねより》の日記『左経記《さけいき》』の一〇一六（長和五）年正月二日の条には、ある人が大切にしていた飼牛が思いがけず死んだとき、「河原人《かわらびと》」等がやってきて、その皮を剥ぎ、腹中に薬用として珍重《ちんちょう》される「牛黄《ごおう》」という黒玉を見つけ、それを取り出し持ち帰ったことが記されています。

このこと自体は「河原人」を統轄《とうかつ》する検非違使《けびいし》がそのことを聞き、「河原人」を責めたて、見たことのある人がめったにいないという「牛黄」を取り上げたことから、たまたま記録されたことです。しかし、この記事には、のちに「河原者《かわらもの》」と呼ばれるようになった人々と連続性を有する人々と考えられる「河原人」が、明確な

などの税を収取し、王朝政府に納入した。この国衙支配地を荘園（私領）と区別し、公領と呼ぶようになり、その後、国衙領とも呼ぶようになった。院政期には荘園が爆発的に増加し、全国をおおったかのようにみなされてきたが、現在の研究では、鎌倉時代を通じても公領の比重は以外に高いことが明らかにされている。信濃国《しなののくに》（現長野県）では、荘園と公領の割合はおよそ五対五であり、全国的にみても公領は四割ほどを占めていたのではないかと推定されている。

検非違使
嵯峨《さが》天皇が九世紀初、旧来の官制や法律にしばられずに、天皇の直接の指示で行動できる警察権力として、京都の治安維持をおこなわせるために設置した。その後、弾正台《だんじょうだい》、

形で記されています。そして、この記事から、彼らが死牛馬解体の専門的技能を有する人々であり、この記事以前から死牛馬処理が彼らの独占的な職能であったことを、うかがうことができます。このような形で登場してきた人々も、中世社会のなかで、のちに「ひにん」と総称されていく人々でした。

　歴史的にみると、ここに中世被差別民の「原型」と被差別部落の「起源」があるという把握ができるかと思います。

　ただし、「起源」という言い方は、従来の研究からみてもその概念規定が曖昧《あいまい》で、多義的な要素を含む言い方です。「起源」を言葉そのものの本来の意味から「源《みなもと》の起こり」として「最初の清水の一滴《いってき》」とみる見方（上杉聰『天皇制と部落差別』三一新書参照）もあれば、「起源」という言葉のなかに「体制的な成立」の意味をもたせて解釈する見方（寺木伸明『被差別部落の起源――近世政治起源説の再生』明石書店参照）もあります。

　そのため、ここでは、被差別部落の「起源」という言い方ではなく、被差別部落の「胚胎《はいたい》」という言い方をしたいと思います。そして、この時期つまり一〇～一一世紀を「被差別部落の胚胎期」として把握したいと思います。

「胚胎期」という用語は、被差別民の文化を研究してきた沖浦和光さんが一九八

刑部省《ぎょうぶしょう》などの権限を吸収し、京都市中の警察裁判権をつかさどる要職となった。八二四年には、検非違使庁が設置され、獄舎の番を主とする看督長《かどのおさ》、文書の作成・保管を担当する案主《あんず》、犯人の追捕《ついぶ》・逮捕を担当する放免《ほうめん》らを配下におく組織となった。制度的にも整えられると、「河原人」を統轄《とうかつ》するなど「ケガレ」をコントロールする組織ともなった。平安後期には、諸国にも国検非違使がおかれ、地方の反乱、海賊追捕などでの犯人の最終的処断の権限は、検非違使に属した。鎌倉時代になっても、京都の治安維持は検非違使庁にゆだねられていた。その後、室町幕府が成立し、京都市中の警察・裁判権を掌握《しょうあく》するようになると、検非違使庁の権能も幕府侍所《さむらいどころ》に吸収されるようになっていった。『伴大納言絵巻』。

三年に刊行した『アジアの聖と賤』（人文書院）のなかで、「差別の社会的土壌がしだいにでき上り、身分観念がその根をおろしてゆく段階」という概念で使用していますが、時期そのものについては明確にされていません。

ここでは「胚胎期」を「被差別部落というのが日本社会に全面的に出てくる前に、被差別部落そのものの核（イデオロギーと社会的基盤）が局地的に形成されはじめた時期」という概念で規定し、その時期を一〇～一一世紀に設定すべきと考え、使用します。

貴族社会での「ケガレ」観念の肥大化

この時期は、動物の屠殺と処理にかかわることを「死穢《しえ・しにえ》」として極端にタブー視する枠組みが、局地的にとはいえ社会的に作られるようになった時期です。

そして、そうした社会的な枠組みが、王朝都市・京都という狭い都市の住民であり支配層である、平安貴族の社会のなかで作られたのち、一般民衆に広められていくことで、被差別部落そのものが日本社会のなかで「形成」されていった、と考えられます。

このようなことにいたった背景には、呪術的な色彩の濃い平安仏教が権力者の

出典）『国史大辞典5』（吉川弘文館）

イデオロギー

政治・法律といった制度ばかりでなく、道徳・哲学といった意識も、その社会の経済的な仕組みから生みだされ、それに制約される。人また

宗教として定着するようになったことがあげられます。

　仏教本来の教義は、殺生と戦争を否定する絶対平和主義とでも言うべき思想でした。しかし、最澄《さいちょう》・空海《くうかい》が中国で学び開いた平安仏教の教義には、仏教が普及し伝播《でんぱ》する過程で付与された、ヒンズー教に基づく浄穢《じょうえ》観、死刑執行や殺生《せっしょう》を蔑《さげす》み差別する思想が、濃厚《のうこう》に取り入れられていました。そのうえ、その教義は中国で当時の身分制の社会に合致するように改変されたものでした。

　その教義を受容した貴族社会では、「死穢」ばかりでなく産穢《さんえ》・肉食の穢などを回避する「物忌《ものいみ》」が厳格に守られ、「ケガレ」を忌避する意識が増大しました。それが前述した『延喜式』の規定となってあらわれたものです。

　しかし、一般民衆の場合、仏教・神道《しんとう》の思想が強く浸透するまでは、「ケガレ」への神経質な対応は見受けられず、屋敷内を死者の埋葬地にすることもおこなわれていました（高取正男『神道の成立』平凡社参照）。

　これに対し、『延喜式』以後、平安貴族たちの間では「ケガレ」を忌避するあまり、死期のせまった病人を家から追放し、河原などに放置することすらおこなわれるようになりました。

　貴族社会では、「ケガレ」観念の肥大化にともない、死・病気や、死牛馬処理・

は集団がその歴史的、社会的な立場にもとづいて形づくる根本的な意識・観念形態のことをいう。

屋外に追放された病人

触穢思想が広まると、死期が近づ

皮革加工・清掃などを「ケガレ」とみなし、その「ケガレ」が伝染することを恐れ、それを極端に忌む意識、すなわち触穢《しょくえん》思想が生みだされ、ひろがるようになったのです。

触穢思想のひろまり

『延喜式』以後、「ケガレ」の意識は複雑化してゆきますが、「ケガレ」の発生場所、たとえば死人の家、出産のあった家、家畜が死んだ家などを甲穢《こうえ》（第一次接触）とし、そこに入り座ると本人・同居人が乙穢《おつえ》（第二次接触）に染まったものとみなされました。そして、乙穢のところに出かけ座ると、その出かけ座った本人のみが丙穢《へいえ》（第三次接触）になり、乙穢の者がよそに出かけ座ると、出かけた先の同居人もすべて丙穢に染まるとされました。第四次接触からはもはや、穢にはならないとされました。

このような触穢のなかでも、もっとも強く忌避されたのは死穢でした。そのなかでも人死穢が重く、触穢として「忌《いみ》」をしなければならないのは、甲穢の場合、六畜の死穢が五日であったのにたいし、人死穢では三〇日におよびました。このほか、人の産穢は七日、六畜の産穢は三日、肉食の穢は三日でした。

いた病人は、死穢を恐れる家族によって、家屋から追放されこともすくなくなかった。図では屋外左側に病人が寝かされている。『春日権現験《かすがのごんげんげん》記絵《きえ》』。

出典）『部落史用語辞典』（柏書房）

穢のなかでは出血、とくに月経にかかわる血穢《けつえ》も重視され、死穢・産穢とともに、「三不浄」とされました。

同時に、神事《しんじ》などのさい、「浄」をたもつために、火の共用をしないこと（別火）や、セックスを忌避することがおこなわれました。

このような触穢思想が古代社会から中世社会へと発展するつれて、王朝都市・京都から交通体系に沿って、あるいは平安貴族・有力寺社の経済的基盤である荘園経営を通じて、しだいに畿内周辺へと、そして地方の農村へと浸透していくようになったのです。

Q7 日本列島で支配する者・される者は、どのようにして成立したのですか？

どの社会でも、古代社会の成立とともに賤民や奴隷が生みだされるようです。日本列島ではどのようにして階級社会が成立したのですか？

『延喜式』が完成した一〇世紀前半には、局地的とはいえ、もはや中世被差別民の「原型」が存在する基盤《きばん》が生じていたことがうかがわれます。

ただし、このように登場してきた中世賤民と古代社会での賤民とは直接的な系譜関係はないというのが現在の通説です。それでは、古代の賤民はどのようになっていたのでしょうか。そして、なぜ、古代賤民と中世賤民とが直接的な系譜関係はないと言われるのでしょうか。

確かにどの社会においても、賤民や奴隷が登場してくるのは農耕が開始され、支配する者とされる者が分化した階級社会が形成されるようになってからです。農耕の発達は、計画的な生活を可能にするとともに集落の定着をもたらし、生活の安定化と人口の増加につながりました。しかし、集団内部に私有財産が発生し貧富の差が生じることになります。そして、支配する者と支配される者との階級社会（身分社会）を生みだすことになったのです。

階級社会の成立により生みだされた古代賤民は、日本列島でどのような国家のなかで、作り上げられていったのか、そして彼らがどんな存在であったのか、中世賤民の登場以前の賤民のありさまをＱ７～Ｑ９で見てみましょう。

階級社会の成立と「生口」

有力な地域集団の首長が支配者としての性格を持つようになると、その首長を「王」と呼びその支配領域を「国」と呼ぶようになりました。日本列島で、小国が発生したのち地域統合がどのように進み、統一政権がどのようにして成立したかについては、中国・朝鮮の史書や考古学上の遺物から推定されていますが、不明な点が多いままです。

紀元前、中国の皇帝は、日本列島西部・朝鮮半島南部などの地域一帯を「倭《わ》」と呼び、その地に住む人々は、皇帝の徳が及ばず文明の「恩恵《おんけい》」に属さない「化外《けがい》の民」、すなわち未開・野蛮《やばん》な民である、と見なしていました。

中国の史書である『漢書《かんじょ》』地理志によると、倭には紀元前一世紀に一〇〇余国の小国が分立していました。小国の王のなかには毎年、定期的に漢が朝鮮においた直轄《ちょかつ》植民地の一つである楽浪郡《らくろうぐん》に使者を送り、貢物《みつぎもの》を献上する者がいたことが記されています。

続いて『後漢書《ごかんじょ》』倭伝には、倭の奴国《なこく》が五七年に貢物を献上し後漢の光武帝から「印綬《いんじゅ》」を受けたことと、一〇七年に「倭の国師升等《すいしょう》」が「生口《せいこう》」一六〇人を献上したことが記されています。

中国に貢物を献上したこれらの小国は、これまで発見された遺跡での副葬品に大陸伝来の物が多く、しかもまとまって出土しているなどの考古学上の見地から、日本列島西部の各地にあったと推定されています。

このように紀元前後の頃から、日本列島の各地に部族的な小国が成立し、次第に統合し成長していったと考えられます。そして、これらの小国の王のなかには中国王朝への貢納という服属関係を持っていた者がいたことが注目されます。と同時に、中国王朝への献上対象となった「生口」が存在したことも注目に値します。

ここに記載されている「生口」については諸説がありますが、人格を認められず財物や家畜と同様の扱いをうける奴隷と考えられており、この時期、農耕の本格化とともに日本列島西部でも階級社会へと移行していたことがわかります。

漢委奴国王の金印

奴国は現在の福岡平野にあった小国と考えられているが、江戸時代中期の一七八四（天明四）年に福岡県志賀島で「漢委奴国王《かんのわのなのこくおう》」の金印が発見された。

出典）高校日本史教科書（実教出版）

邪馬台国の成立

二世紀から三世紀にかけて東アジアの情勢は大きく変化しました。中国では二世紀になると後漢の勢力が衰え、三世紀のはじめに魏《ぎ》・呉《ご》・蜀《しょく》の三国が対立する三国時代となりました。朝鮮半島では二世紀になると、紀元前一世紀につくられた高句麗《ゴグリョ・こうくり》が勢力を拡大し南下しました。半島中南部でも部族連合が強まり、後漢の支配から脱し自立化しようとしたのです。

日本列島でも大きな変動を迎え、弥生時代後期、鉄器がより普及し農業生産力が高まったことや後漢の朝鮮半島・倭への影響力の弱まりにより、小国の王たちはより大きな政治権力の確立をめざし動乱となりました。すなわち中国の史書『後漢書』倭伝、『魏志《ぎし》』倭人伝が伝える二世紀後半の「倭国大乱」です。この「倭国大乱」を通じて小国の統合が進み邪馬台《やまたい・やまと》国が成立したと考えられています。

『魏志』倭人伝によると、三世紀の中頃、倭の邪馬台国に卑弥呼《ひみこ・ひめこ》とよぶ女王がおり、男弟が補佐し三〇ほどの小国を従えていることが記されています。邪馬台国は租税や刑罰の制度、連合する諸国を統制するための官吏《かんり》の派遣、外交権の掌握《しょうあく》など統一国家の一面を備えていたとも記されています。

卑弥呼は連合した諸小国によって「共立」された「王の中の王」であったと考えられ、魏に「生口」などを朝貢《ちょうこう》し、皇帝から二三九年に「親魏倭王《しんぎわおう》」の称号と銅鏡などを授けられました。

邪馬台国は当時、倭の一国である狗奴《くな》国と戦っており、卑弥呼は中国の皇帝から王権の正当性を認められることで倭国内で卓越した地位に立ち、狗奴国との戦争を有利に導こうとしたと考えられます。なお、邪馬台国の所在については江戸時代から畿内大和説と北九州説があり、現在も論争が続いており、決着していないままですが、近年の古墳研究の成果から見ると、畿内大和説が有力と言えるでしょう。

邪馬台国の社会と身分

『魏志』倭人伝では卑弥呼については、有能な巫女《ふじょ》であるとともに、宮殿の奥深くにこもり「その姿を見ることのできる人は少ない」という状態であったことが記されています。支配者と民衆はもはや、別々の区域に分かれ住んでいたことがうかがえます。さらに邪馬台国では、身分の低い下戸《げこ》は身分の高い大人《たいじん》と道で会ったときにあとずさりして道ばたの草むらに入ることや、言葉をかわし物事を説明する時には、うずくまってひざまずいたり、両手を地面につけ、尊敬の態度をしめすことが要求されていました。

下戸については「大人は四、五婦、下戸もあるいは二、三婦」と記されており、妻を複数もっていることから必ずしも従属身分とはいえなかったと考えられていますが、邪馬台国では身分の尊い人、卑しい人との区別があって下の者が上の者に服従する関係があったことがわかります。

また、『魏志』倭人伝では卑弥呼が一〇〇人余の婢を侍《はべ》らせ、死んだ時には「径《けい》百歩《ひゃっぽ》」の塚《つか》を造り、多くの奴婢《ぬひ》が殉死《じゅんし》したと記されています。

考古学上から見ると巨大古墳の出現は早くても三世紀末であり、「径百歩」という巨大古墳であるかのように伝えるこの記述内容に疑問な点もありますが、二四八年頃に卑弥呼が没すると葬送儀礼のために「生きながらに埋められた」奴婢がいたことになります。奴は男の奴隷、婢は女の奴隷を意味する言葉です。

『魏志』倭人伝の記載からすると、この社会では支配者（王）、大人、下戸、生口・奴婢という身分構成があったことがわかります。卑弥呼という王を頂点に、権力を持ち身分の高い首長層と推定される大人、その下の一般成員である下戸、財物・家畜同様に「物」として扱われている生口・奴婢が存在する階級社会が成立していたと言えるでしょう。

箸墓古墳

奈良県桜井市にある箸墓《はしはか》古墳は、卑弥呼の墓という説が有力になっている。この古墳は、最古の前方後円墳で、埴輪《はにわ》の原型が埋蔵されていたことから、三世紀に造られたものと考えられるようになっている。

出典）高校日本史教科書（実教出版）

Q8 大和政権が成立すると、どんな身分制になったのですか？

日本列島での統一政権の母体となったのが大和政権です。律令国家が成立する前の大和政権では、どんな身分制になっていたのですか？

中国の史書には、中国の内乱によって倭との外交関係が途絶えたため、三世紀後半の倭の様子が記載されておらず、その社会の様子も不明です。

しかし、三世紀末頃になると畿内大和、河内平野、瀬戸内海沿岸を中心に多くの労働力とすぐれた土木技術を必要とする巨大古墳が出現し、四世紀中ごろには九州北部から中部地方に及ぶ地域で古墳が築造されています。東日本においても四世紀末から五世紀にかけて古墳の築造が急速に広まり、その分布は関東から東北南部に及んでいます。

四世紀には丘陵上に前方後円墳や前方後方墳を築造していますが、五世紀になると古墳文化は頂点に達し、平野部に盛り土をし壕をめぐらした巨大な前方後円墳を築造しています。ここにおいて、首長層における各地の多様な墓制は消滅し、前

大仙古墳

大阪府堺市にある大仙《だいせん》古墳（伝仁徳陵）は、全長四六八メートルの前方後円墳で、墳丘《ふんきゅう》の体積は一四〇万平方メートルにおよぶ。築造に要する労働力は、一日二〇〇〇人、延べ六八〇万人の人が働いても約一五年八カ月かかるという。大王の強大な権力を物語っている。

方後円墳が首長層の画一《かくいつ》的な墓制として各地に広がっています。前方後円墳の築造の中心地は畿内大和地方であり、四世紀に大型の前方後円墳が大和地方に築造されています。

これらのことから三世紀末から四世紀初頭の頃には大和政権が成立し、以後四世紀から五世紀にかけて大和政権の地方支配が広まったのではないかと考えられています。しかし、四世紀の倭の様子については、「空白の四世紀」「謎の四世紀」とされており、その当時、どのような身分制になっていたかも不明です。

大和政権で重用された渡来人

中国の史書によると、五世紀に「倭の五王」が中国の南朝に朝貢し冊封《さくほう》体制のもとで、朝鮮半島での政治的立場を強めようとしていたことが記されています。

「倭の五王」のねらいは必ずしも達成されませんでしたが、四世紀から五世紀にかけての対外活動によって朝鮮半島とくに百済《ペクチエ・くだら・ひゃくさい》から移住してくる人々が増大し、中国南朝、朝鮮半島の先進的な技術、文化が移入されました。大和政権は彼ら渡来人を組織し活用しました。

渡来人は農業・土木・建築・織物・金属工芸・陶器・記録などの多くの分野に

出典）高校日本史教科書（実教出版）

すぐれた技術をもたらしました。五世紀から六世紀にかけて伝来した漢字、儒教、仏教、医学・易《えき》学・暦《れき》学などの学術・宗教・思想も彼らがもたらしたものでした。

渡来人はこの時期、産業と文化の発展に大きく貢献《こうけん》しました。大和政権は朝鮮南部からの鉄資源、先進技術と文化を持つ渡来人を支配下におくことで、軍事力と経済力を強め国内の統一を進展させていったと考えられます。渡来人の中にも秦氏《はたうじ》や漢氏《あやうじ》のように大和政権の外交文書の作成や財政などに関わり、政権を支える有力豪族に成長した集団もいました。渡来人は重んじられ、支配層の一部を構成していました。

平安時代となった八一五年につくられた『新撰姓氏録《しんせんしょうじろく》』によると、当時約三分の一の氏族が渡来系と考えられていたことになり、大和政権内での渡来系氏族の重用された度合いをうかがうことができます。

人種起源説の誤り

ただし、この『新撰姓氏録』は、旧来の伝統的、保守的貴族が勢力回復をはかるために作成したものであり、渡来系氏族を蕃族《ばんぞく》として扱い、その序列を漢、百済、高句麗、新羅《シルラ・しらぎ・しんら》任那《みまな》（朝鮮半島南部の小国連合である「伽耶《カヤ・かや》」の大和政権での呼び

冊封体制

中国では、自国を世界の中心（中華）とみなした。そして、周辺諸民族を東夷《とうい》、西戎《せいじゅう》、南蛮《なんばん》、北狄《ほくてき》と見なし、中国の皇帝は周辺諸国に王や称号を授けて国王に任命し保護した。このことを冊封といい、冊とは中国皇帝の任命書で、封とは授け支配を認めた領土のことである。冊封を受けた諸国王は、定期的に朝貢し、君臣関係にあることを確認した。朝貢品については返礼があたえられた。

中国に隣接する朝鮮では、王朝の交替にかかわらず、古代から近代まで冊封を受けた。日本列島では倭の五王が冊封を受けたが、それ以後、離脱した。室町期には足利義満ら室町幕府将軍が冊封を受け、朝貢貿易をおこなったが、幕府の衰退とともに朝貢貿易も衰え、戦国期には冊封体制から離脱した。

名）の順に配列しています。この時点で、旧来の伝統的、保守的貴族のなかには平安朝で活躍する渡来系貴族を賤視しようとする意識が働いていることもうかがえます。

このような民族差別意識は、平安中期以降、日本が新羅を属国視《ぞっこくし》するようになると支配層において強められるようになります。このため、朝鮮半島からの渡来系氏族の果たした過去の業績も次第に消され、渡来系貴族もまた小氏族への分化の進展にともない改姓していった場合が多くなりました。

秦氏の場合、「秦」という名を残した小氏族がいる一方で、伊美、奈良、朝原、伊統、惟宗《これむね》などの「秦」字を持たない新姓へと変えています。

しかし、こうした民族差別意識は貴族支配層の意識のなかでのことであり、古代の民衆の間に同様の民族差別意識があったと考えられる証拠はありません。

現在、被差別部落の人々の祖先を古代からの渡来人に求める誤った考え（人種起源説）が一部の人に残されています。しかし、この説は江戸時代に幕藩体制が動揺《どうよう》し身分制が崩れかけたとき、部落差別を合理化するために生まれ、明治以降の朝鮮支配政策による民族差別などに基づくものであり歴史的事実に反する説です。

『新撰姓氏録』

平安京と畿内に居住する氏族名を書き上げ、天皇を祖先とする氏族（皇別）、神々を祖先とする氏族（神別）、中国・朝鮮の王や王族を祖先とする氏族（諸蕃《しょばん》）、文献によってその先祖を確定できない氏族（未定雑姓）に区分したものであるが、原文は失われ、今に伝えられているのは抄本《しょうほん》である。ここに記載された氏族の系譜は、神々を祖先とする人間などが存在しないのであり、歴史的に正しいものとは言えないが、皇別三三五、神別四〇四、諸蕃三二六、未定雑姓一一七となっている。

氏姓制度

奈良盆地内の大和地方では中小河川がすべて大和川に合流しています。このため、大和川の支流沿いに出現した多くの首長が治水・灌漑《かんがい》事業などを通じ、他の地域よりも早く盆地内の少数の有力首長に統合されたと考えられています。その後、連合した大和地方の有力首長たちは、四世紀から五世紀にかけて西の吉備《きび》（現岡山県）、出雲《いずも》（現島根県）、東の毛野《けぬ》（現群馬県・栃木県）などの在地勢力を支配下に組み込みながら大和政権を形成していったと考えられます。

大和政権は支配領域を広げその地位を確立するにつれて大王《おおきみ》と称しました。一方、地方の有力豪族たちも大和政権の支配下に入り服属関係を結ぶことで勢力を拡大していったと考えられますが、大王は大和とその周辺の豪族とともに「氏姓《しせい》制度」と呼ぶ支配組織を作り上げました。

中央・地方の豪族は氏《うじ》と呼ぶ血縁によって結びついた同族集団に組織され、その首長である氏上《うじのかみ》が構成員である氏人《うじびと》を率いて大和政権に仕える仕組みとなりました。氏上は氏人を統率し氏神《うじがみ》を祭る儀式を執りおこなう一方、部民《べのたみ》と呼ぶ服属民、そして奴婢を所有していました。

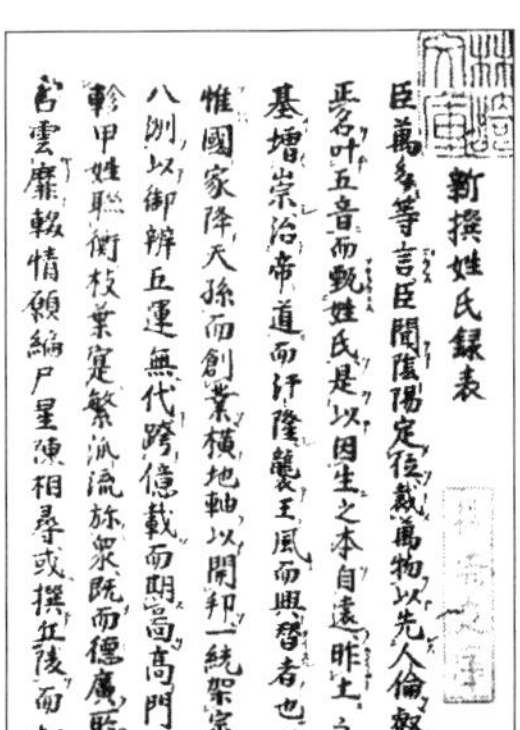
新撰姓氏録表
臣萬多等言臣聞陰陽定位載萬物以先人倫叡聖
正名叶五音而甄姓氏是以因生之本自遠胙土之
基増崇洽帝道而汗隆襲王風而興替者也伏
惟國家降天孫而創業横地軸以開邦一統架宗球
八洲以御辨丘運無代跨億載而彌高門接
軫甲姓聯衡枝葉寔繁派流旅衆既而德廣眠軍
宮雲靡較情頗編戸星陳相尋或撰丘陵而挺

出典）川崎庸之編『図説日本の歴史4』（集英社）

部民は戸ごとの単位で収穫物を貢納し労役を提供した人々でしたが、豪族の部民を部曲《かきべ》と称し王権に属した人々を品部《しなべ・ともべ》と呼びました。部民は葛城部《かつらぎべ》、中臣部《なかとみべ》などのように所属する豪族の名をつけられたり、玉造部《たまつくりべ》、土師部《はじべ》、鳥取部《とっとりべ》などのように仕える職掌《しょくしょう》の名で呼ばれた人々でした。

このうち品部は、職務で仕える豪族の首長である伴造《とものみやつこ》に率いられ、大王家の警備・祭祀や生活用品の製造などを担当しました。彼ら部民は、家族としての生活を営むことは「上位の権威者」から認められていました。しかし、その下におかれた奴婢は、部民とは異なり、家族としての生活を営むことは認められなかったと考えられています。

律令国家形成以前の身分制

大王は各氏族に大和政権での社会的地位や職掌に応じて、姓《かばね》を与えました。姓は本来支配層の敬称でしたが、各氏族の職業・家柄とともに政治的身分を意味するものとなりました。

大和の主要氏族には臣《おみ》、連《むらじ》、君《きみ》、直《あたえ》、造《みやつこ》、首《おびと》などの姓を与えましたが、そのなかの有力者を大臣《おおおみ》、大連《おおむらじ》として国政を担当させました。

大王とその一族は姓を与える立場に立ち、王権の継承《けいしょう》集団として「無氏無姓《むしむせい》」となりました。今も天皇家の人々が名のみで、苗字《みょうじ》をもたないのは、このような支配の仕組みのなごりと言えるでしょう。大王の一族は、もともと大和地域の三輪山周辺を本拠にしていたのであり、のちに消され隠されたのですが、当初の氏族名は「三輪《みわ》氏」ではなかったか、と推測する説もあります。

大王は服従した地方豪族にも君、直などの姓を与えました。そして、国造《くにのみやつこ》・県主《あがたぬし》などに任命し、これまでの領有地と領有民の支配を認める一方、大王や王族に直属する土地と人々を設定しその経営にもあたらせました。

律令国家形成以前の大和政権での身分制はこのように、大王を頂点にし臣・連・伴造・国造などの中央地方の諸豪族、豪族・大王家の私有民である部民、奴隷として扱われる奴婢という仕組みでした。

Q9 古代賤民と中世賤民とは直接的な系譜関係はないのですか？

律令国家の完成後、古代賤民制も確立したはずです。古代賤民と中世賤民とは、なぜ直接的な系譜関係がないと言えるのですか？

大和政権自体は五世紀末から六世紀にかけて動揺《どうよう》しました。六世紀になると、新羅が急速に国家体制をととのえ、小国連合の伽耶を圧迫し、五六二年に滅亡させました。国内でも新羅と結んだ北九州の豪族筑紫国造《つくしのくにのみやつこ》磐井《いわい》が五二七年に戦争を起こし鎮圧《ちんあつ》されました。このほか吉備《きび》国では吉備上道臣《きびのかみつみちのおみ》などによる戦いも起こり、中央豪族の抗争も起きました。

朝鮮半島の情勢や日本での内政の混乱のなかで、五八九年には隋《ずい》が中国を統一し、その後六一八年に唐《とう》が王朝を開き、律令による強力な国家体制を実現しました。朝鮮半島では、新羅が唐の支援を受け六六〇年に百済を滅亡《めつぼう》させました。その後、新羅は、六六八年に高句麗《コグリョ・こうくり》を滅亡させ、唐の勢力を追い出し、六七六年に半島を統一しました。

このような東アジアの国際関係のなかで、大和政権は中国王朝の冊封《さくほう》体制から自立した中央集権国家体制を作り上げようとしました。蘇我馬子《そがうまこ》と厩戸皇子《うまやどのおうじ》（聖徳太子）が主導した推古朝では六〇三年、官吏の身分や功績に応じた冠位を与える「冠位十二階《かんいじゅうにかい》」を定め、旧来の官職や地位の世襲を原則とした氏姓制度による政治を改革しました。以後、唐の成立とともに律令制度を取り入れた天皇を中心とする中央集権国家体制を作り上げようとする動きを強めるようになりました。

この動きは六四五年の「大化の改新」、皇位継承をめぐる争いから起きた六七二年の壬申《じんしん》の乱を経て実現されてゆくことになりました。

公地公民制と良賤制

壬申の乱に勝利した大海人皇子《おおあまのおうじ》が即位し六七二年、天武天皇となりました。大王はこの頃から「天皇《すめらみこと》」と称するようになり、対外的な文書では倭にかえて「日本」という国号を新たに用いられるようになったと考えられています。

国内的には天皇を中心とする中央集権国家を確立し、六八四年には「八色《やくさ》の姓《かばね》」を制定し王族を頂点とする身分秩序に諸豪族を組み込み、翌六八五年には「冠位制」を実施し王臣をはじめて区別しました。

冠位十二階

儒教の教えにそって、五常《ごじょう》の徳目（仁・礼・信・義・智）に徳を加えた六つをそれぞれ大小に分けて、冠位を一二階としたもので、冠の色と飾りで等級をしめした。この冠位はそれまでと異なり、才能・功績に応じて個人にあたえられもので、昇進することもできた。この制度はのちに律令制のもとで三〇階位に区分され、身分の高低に応じ位階《いかい》を授ける位階制へと発展した。

壬申の乱

天智天皇が六七一年に死亡すると、翌六七二年、天皇の子・大友皇子の近江朝廷側に対し、吉野にいた弟・大海人皇子が内乱を起こした。大海人皇子は下級官人・地方豪族の支持のもとに戦い、勝利後、皇位を継承し天武天皇となった。内乱で有また、「公地公民《こうちこうみん》」の制度を確立し、戸籍を作成し人々を登録するようにしました。この制度のもとで、全国の土地・人民は原則的に国家の所有とされ、人民には「班田収授《はんでんしゅうじゅ》の法」にもとづき口分田《くぶんでん》を班給《はんきゅう》し、そのかわりに「租庸調《そようちょう》」などの税を収取《しゅうしゅ》するようにしたのです。

この時期、「天皇」号の使用とともに、大王の神格化が進められ、天皇は現人神《あらひとがみ》であるとされるようになりました。それにともない国史の編纂《へんさん》事業がおこなわれ、七一二年に『古事記』、七二〇年に『日本書紀』が完成するにいたりました。これらは天皇の祖先が「神代」から他の氏族とは異なる特殊な歴史を持つことを記し、天皇の〝貴種〟たるゆえんと絶対的地位を説明するものでした。

そのようななかで、現人神たるべき天皇については「浄《じょう》」の観念が急速に高められようになりました。それとともに、その対極的な観念として「穢《え》」という観念も強く意識されていくようになったのです(→Q6)。それにともない新しい身分制度もつくられました。

天皇とその一族(皇族)は侵すことのできない神聖な身分とされました。豪族は皇族を中心とする身分秩序のもとに新しい身分に再編成され、人民もまた「良民」と「賤民」に分けられ、戸籍に登録されるようになりました。

力豪族をたおした天武天皇は、皇族を重用し天皇の絶対性を強化し、天皇による政治をおこなった。

これら公地公民制と良賤制は、中国の律令制度を体系的にとりいれた支配の仕組みでした。

「良民」と「賤民」

「良民」と「賤民」のうち、良民は官人《かんじん》・公民《こうみん》・品部《ともべ・しなべ》・雑戸《ざっこ》をいい、官人は支配層の役人、公民は農民、品部・雑戸は政府の諸官司に配属された手工業者でした。品部・雑戸はもともと伴造に率いられ大和政権に奉仕した職業部民の末裔《まつえい》でしたが、公民化されずに公民より低い身分とされました。そして、雑戸の方が品部より下に置かれました。これらの手工業者は農民同様に口分田の班給を受けましたが、調庸の課役、兵役は免除されることになりました。そのかわりに、父祖伝来の手工業を職業とし一定期間、それぞれの属する官司に勤務し宮廷の工房で生産に従事するという義務がありました。

賤民は「五色《ごしき》の賤《せん》」と呼ばれ、陵戸《りょうこ》・官戸《かんこ》・家人《けにん》・公奴婢《くぬひ》・私奴婢《しぬひ》でした。このうち、陵戸は陵墓の守衛、官戸は宮内省に属し

良賤関係と五色の賤

五色の賤（岩波書店『律令』）

陵戸《りょうこ》	天皇、皇族の陵墓を守衛 死を忌む思想から賤民化 戸を形成 口分田は良民と同じ
官戸《かんこ》	官有の賤民 戸を形成 官司の諸役に駆使された 口分田は良民と同じ
公奴婢《くぬひ》（官奴婢）	官有の奴隷 戸は形成できない 売買の対象になった 口分田は良民と同じ
家人《けにん》	私有の賤民 戸を形成 売買されない 口分田は良民の3分の1
私奴婢《しぬひ》	私有の奴隷 戸は形成できない 売買の対象になった 口分田は良民の3分の1

良賤関係（朝日新聞社『日本の歴史②など』）

		天皇 皇親（天皇の親族の意）
良民	有位・無位の官人層	有位 三位以上（貴《き》） 五位以上（＊通貴《つうき》） ＊貴に通ずるの意 六位ー初位 無位
	公民	百姓（課役の義務を負う）
	雑色人《ぞうしきにん》	品部《しなべ・ともべ》（朝廷の贅侈品の生産に当たる技能者） 雑戸《ざっこ》（軍事関係の技能者）
賤民		陵戸《りょうこ》 官戸《かんこ》 公奴婢《くぬひ》（官奴婢） 家人《けにん》 私奴婢《しぬひ》

出典）高校日本史資料集（浜島書店）

官田などの耕作に従事したもの、家人は貴族などに隷属した人々でした。陵戸・官戸・家人は家族を持つことは認められていました。これに対し、公奴婢は官有の奴隷であり官戸と同様に官奴司に属し雑用をつとめ、私奴婢は貴族、地方の有力豪族などに属した奴隷でした。公奴婢・私奴婢はいずれも家族を持つことは許されず、売買、贈与、財産相続の対象にされました。

「五色の賤」のうち陵戸・官戸・公奴婢への口分田の班給額は良民と同じでした。しかし、家人・私奴婢は所有者の戸籍に登録され、口分田の班給額は良民の三分の一とされていました。家人・公奴婢・私奴婢には橡《とち・くぬぎ》の実（ドングリ）から抽出した染料で染めた黒色の衣（皀衣《くろきぬ》、橡墨衣《つるばみぞめのころも》）が強制され、一見で判別できるようにされていました。

これに対し班田農民などには黄色衣《おうしょくい》が強制されました。同時に服装の色では白を最上位と定め、白は天皇の礼服の色としました。天皇と「賤」とは服装の色でも白と黒という対極的な関係であったのです。

古代民衆の生活をかけた闘いのなかで

賤民身分の人々の人口は当時、総人口の約七％程度と推定されています。良民身分と賤民身分は、姓《かばね》の有無によっても識別されました。良民身分が姓を持つのに対し、賤民身分は姓を持たなかったのです。

姓を持たなかったのは天皇とその一族である諸王も同様でしたが、姓を持たなかった特権的身分と最も強く差別を受けた賤民身分の家人・公奴婢・私奴婢は、税負担がないことも共通していました。これに対し良民の大部分である班田農民には苛酷《かこく》な租税負担が強制されました。

古代の賤民制のもとでは良民と賤民間の通婚は禁止され、賤民身分の人々は同一身分内での婚姻を強制されていました。六四五年に布告された「男女《だんじょ》の法《ほう》」では良・賤間で婚姻した場合、生まれた子は賤民身分に属するとされていました。とくに家族を持つことを許されなかった奴婢は、財産として売買対象になりました。

しかし、租税を負担する班田農民の逃亡などによる租税の減少に対処するため、次第に、良・賤間の通婚を黙認せざるを得なくなりました。七八九年には良・賤間に生まれた子は良民とし、すこしでも租税を収取しようとしました。また、現実的には、上からの差別をはねのける程、良民と賤民との間の通婚が行われている実態があったのではないかと考えられています。

さらに戸籍による安定した税の収取がもはや不可能になるほどの班田農民の戸

奴婢の売買証文

七四八（天平二〇）年、婢三人、奴一人が東大寺に売られたときの証文である。婢はそれぞれ三三歳・八歳・五歳で、奴は四歳とある。値段は四人合計で銭二〇貫であり、現在の米価に換算すると、およそ八三万円程度という。

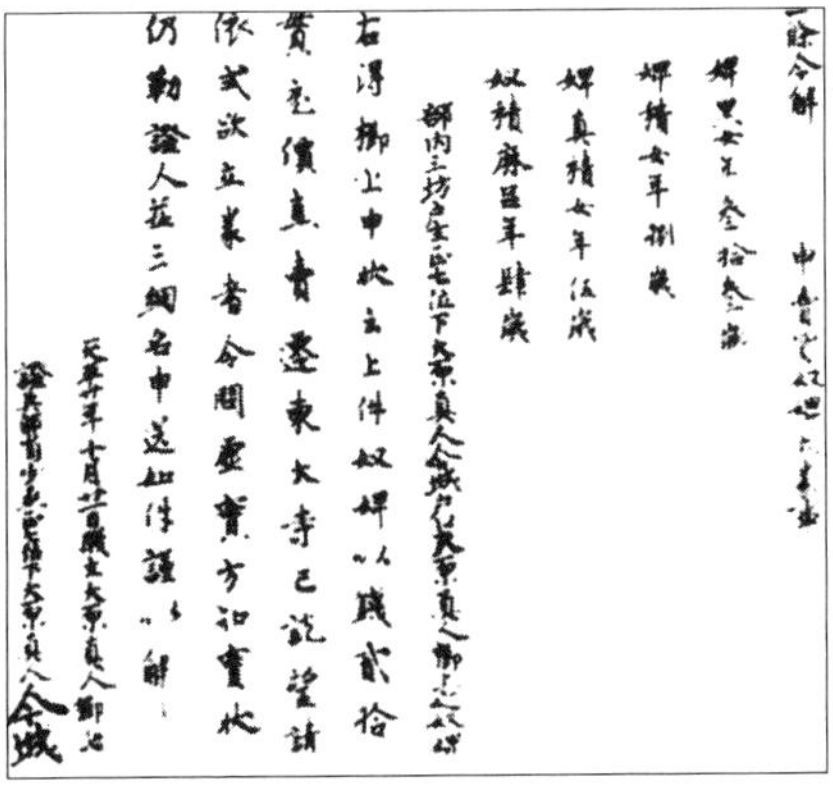

出典）小林茂編『人権のあゆみ』（山川出版社）

籍の偽りや逃亡がなされました。彼らのなかには、国家の課役（税負担）から逃れるために、税負担の重い男子ではなく税負担の軽い女子として戸籍に登録すること（偽籍）や、口分田を捨て貴族・寺社などの荘園へと逃亡したり、貴族・寺社などに属し貢納する「寄人《よりうど》」となることも稀《まれ》ではなかったのです。

公地公民制と良賤制のもとで古代民衆の生活をかけた闘いは、良・賤間の通婚、偽籍《ぎせき》、口分田からの逃亡という闘争形態によってなされたと言えるでしょう。

古代賤民制の解体

こうして、良賤の身分を実質上不明瞭とする程の民衆の動きなどがあり、一〇世紀初頭の延喜年間（九〇一～九二三年）に「奴婢停止」の法令がだされるようになりました。この法令により、制度としての賤民制は次第に解体してゆくようになりました。

九〇二年を最後に班田収受も実施されなくなりました。以後、税の収取体系も「人」を単位とした税から「土地」を単位とした税へと切り換えられ、戸籍も作られなくなったのです。

一方、九～一〇世紀にかけて律令体制がくずれるとともに、諸官司の機能も衰え、所属していた品部・雑戸の多くは身分的には解放されていきました。宮廷の工房で手工業生産に従事していた彼らは貴族、社寺、荘園に付属し、その需要のもとに工芸品、日用品をつくり生活するようになりました。彼らはなかば隷属《れいぞく》状態をもちながら奉仕し賤視されましたが、平安末期には「座」と呼ぶ同業組合を作り種々の特権を獲得するようになります。

古代の賤民制などは中国にならった律令国家の形成のために制定された面が強く、必ずしも日本の古代社会の実態を反映し制度化したものではありませんでした。そのため、古代社会が発展・展開し、現実の進行にあわせ律令の理念を維持できないようになると、良賤制も現実にあわせる形で改編せざるを得ないようになりました。

その良賤制の改編のなかで、かわって登場してきたのが、九二七（延長五）年の『延喜式』に記載されるようになった濫僧《ろうそう》・屠者《としゃ》などへの排除の意識でした。それは、「聖」と「賤」という関係軸よりも「浄」と「穢」という、もう一つの関係軸の方が強く意識され、それへの対処を重視するという意識転換が生じ、「穢」に対し、どのように効果的に対処するかということが貴族社会で現実的な問題になりはじめていたことを反映したものと言えるでしょう。

ここにおいて、農業共同体からの脱落者・屠殺《とさつ》に携わる人々を「ケガレを有する人々」として扱い、排除しようとする意識が生じ拡大していったのです。それゆえ、古代賤民制の解体後の古代賤民の末裔《まつえい》と、中世社会で生まれながらにして「ケガレ」を有する存在と観念されることにより形成されてくる中世賤民（「ひにん」と総称される）との関連は薄いと考えられているのです。

ただし、そのなかにあって、奈良時代末期の貴族社会では、「ケガレ」を有すると考える陵戸にたいする忌避・差別が実質的にはじまっており、これらの人々の末裔と中世賤民との関係がどのようになっていたかなどは今後の研究課題になっています。

Q10 中世社会で差別されたのは、どんな人々だったのですか?

「ひにん」と総称される中世被差別民は、具体的にどんな人々だったのですか?彼らの生業、受けたあつかいはどうなっていたのですか?

中世社会で「ひにん（非人）」と総称され、被差別民としての扱いを受けるようになった人々は、その生業から「清目《きよめ》」・「庭者《にわもの》」・「細工《さいく》」・「餌取《えとり》」・「屠者《としゃ》」・「唱《しょう》（声）聞師《もじ》」・「千秋万歳《せんずまんざい》」・「犬神人《いぬじにん》」・「三昧聖《さんまいひじり》」などと呼ばれていました。また、その居住地から「河原者《かわらもの》」・「散所《さんじょ》」・「坂《さか》の者《もの》」・「谷《や》の者《もの》」・「非田院《ひでんいん》」などとも呼ばれていました。このほか、「乞食《こつじき》」・「癩者《らいじゃ》」・「穢多《えた》」などとも呼ばれました。

彼らは中世社会で「ケガレ」とみなされた「死・犯罪・病気」などを「清め」る職能にかかわる非農業民でした。王朝都市・京都では平安初期から室町期まで、これらの人々を「検非違使庁《けびいしちょう》」という、天皇に直結し、治安維持・「ケガレ」の除去をおこなう役所が統轄《とうかつ》していました（→Q6）。

千秋万歳

本来、唱聞師であった彼らは、室町期になると、正月に宮廷や貴族の館を訪れ、その庭で芸能を披露《ひろう》し、祝言を唱えた。『三十二番職人歌合』。

出典）『中世の民衆と芸能』

それは、彼らが賤視《せんし》されつつ、神仏に連なる「聖なる人々」としても意識されていたことのあらわれであった、とも考えられています。中世社会においては、祈《き》禱《とう》や芸能も神仏と深いかかわりがあったのです。

中世被差別民——「清め」にかかわる非農業民

このうち、「清め（清目）」は、もともと汚穢《おえ》を排除し清浄な状態を回復することを意味する言葉から、しだいに汚穢・不浄物の清掃をする仕事に従事する人々の呼称として使用されるようになったものです。

「河原者」は、河原を居住地とすることからつけられた名称です。彼らは、葬送、道路清掃、死牛馬処理・皮剥ぎ、囚人の護送と刑の執行、運送、猿楽《さるがく》などの芸能、造園、井戸掘りなど多種多様な仕事に従事し、それらを生業とした中世被差別民です。このような多様な仕事を時と場合に応じておこなっていた「河原者」のなかには、社会的な分業の進展のなかで、それぞれ主とする生業を分化させ、特定の分野で高度な技術・技能を身につけるようになった人々も出現しました。

「庭者」は「河原者」のなかで、おもに造園に携わったことからつけられるようになった名称で、「山水《せんずい》河原者」とも呼ばれました。慈照寺《じしょうじ》銀閣の庭園などは、今

戦う癩者

顔を布で覆っていた癩者も、ときには武装し、生業をおびやかす者に対しては戦った。『遊行上人絵巻』。

出典）久保井規夫『江戸時代の被差別民衆』（明石書店）

に残る彼らの文化的業績《ぎょうせき》の一つです。室町期に猿楽能《さるがくのう》を完成させた世阿弥《ぜあみ》も、この「河原者」の一人でした。

「細工」は、皮革を利用した武具製作、籠《かご》・笊《ざる》などの竹細工、雪駄《せった》・下駄《げた》・草履《ぞうり》などの履物《はきもの》細工、運搬用具である畚《もっこ》などの藁《わら》細工をする者の総称でした。ただし、中世では、革細工と皮剥ぎとは身分的には別個の存在であったのですが、近世社会が開始されるようになっていく戦国期になると、皮革製品、とくに武具の急激な需要の増大にともない、「河原者」の革細工の者も出現し、両者が混同されていくようになった、と考えられます。

「犬神人」

「犬神人」は、有力な寺社に従属し、境内《けいだい》の清掃（動物の死体片付けを含む）、土木工事、犯罪の取り締まりなどに従事した被差別民で、そのうちでもとくに有名なのが京都の八坂神社（祇園《ぎおん》社）に属していた人々です。

彼らは、京都市中の清掃・葬送をすべておこなうという独占的権利を手に入れ、生活の一手段としました。彼らは弓や矢などの生産をもおこない、「弦召《つるめそ》」とも呼ばれていました。

犬神人

この絵は犬神人を描いた最古の絵巻として知られる。親鸞《しんらん》の遺骸をのせた輿《こし》が建仁寺《けんにんじ》に向かう途中、その様子を犬神人（右上）がのぞきこむように見ている。『本願寺聖人伝絵』。

出典）『部落史用語辞典』

一方、京都の清水坂《きよみずざか》には集団で居住する「清水坂非人集団」がおり、彼らは「坂の者」と呼ばれていました。

史料上では、鎌倉期から登場してくる祇園社の「犬神人」は、当初、「坂の者」とは同一性を有しない存在でした。

それが南北朝期になると、京都周辺の人々から「犬神人」と「坂の者」とは同一視されるようになりました。このような同一視の背景には、祇園社が「坂の者」支配をすすめ、彼らを「犬神人」として取り込んでいったことを反映しているのではないかとも考えられています。

彼ら祇園社の「犬神人」の居住地は南北朝期には固まっておらず、京都市中の広い範囲にわたっていましたが、戦国期になると、居住地が特定の場所に固まるようになりました。そして、江戸期になると、その地は弓矢町とよばれ、弓矢・弦などをつくり、懸想文《けそうぶみ》売りをおこなうようになっていったことが明らかになっています。

「犬神人」は、京都ばかりでなく地方の有力な寺社に存在していたことも、当時の史料から明らかになっています。関東でも鎌倉の鶴岡八幡宮に存在していたことが確認されています。

懸想文売り
懸想文とは、男女の良縁を得る縁起物で、細い畳紙《たとうがみ》のなかに、洗米一、三粒を入れたものをいう。正月に懸想文売りが売り歩いたが、これは中世の被差別民が寿祝《じゅふく》の仕事にかかわっていたことを伝えるものであると考えられている。

一六世紀ごろの唱聞師村
京都鴨川の西に位置する唱聞師村の様子で、屋根に、笊《ざる》・ヒョウタンが見える。『洛中洛外図屛風』。

「唱（声）聞師」・「三昧聖」・「放免」

「唱（声）聞師」は、もともと、朝廷の陰陽寮《おんみようりよう》に属する下層の陰陽師《おんみようじ》から生じたとも言われますが、その名の由来は不明です。

九～一〇世紀になると、官庁の組織がくずれ、特定の職能民的な氏族が特定の官庁とその業務を請け負うという体制になりました。安倍《あべ》氏が世襲的な長官となった陰陽寮には、職能民である陰陽師が属し、彼らは朝廷で、太陽と月の運行度数を測定し暦を作成する暦数《れきすう》、地形《ちそう》を観察し吉凶をうらなう地相、儀式日の選定などをおこないました。彼らとともに、民間でも陰陽師を名乗り、呪術行為《じゆじゆつこうい》をおこなう下級の宗教者として専業化する人々が登場してくるようになりました。

「唱聞師」はこの系統を引いていると考えられますが、彼らは寺社に従属しながら、祈禱《きとう》などの呪術的な宗教行為を生業とし、千秋万歳・曲舞《くせまい》・金鼓《きんく》打ちといった呪術的な色彩の濃い芸能にも従事した被差別民です。

彼らは、南北朝の内乱以後、寺社への身分的な従属関係から脱し、農村に集団で定着し唱聞師村を形成していきますが、身分的には中世「ひにん」であり、居住地ともども賤視され、近世初頭を迎えることになりました。

出典）『中世の民衆と芸能』

「三昧聖」は、葬送に従事した集団で、僧侶とも俗人ともつかない半俗半僧的存在の被差別民でした。中世では庶民レベルでの葬儀をつかさどっていましたが、近世以降は幕藩体制のもとで組織された寺院の僧侶がそれをつかさどり、「三昧聖」の方は、「隠亡《おんぼう》」とも呼ばれていきました。

さらに「ひにん」と総称される人々のなかには、罪をおかし獄舎につながれたあと、釈放（放免《ほうめん》）された人々がいました。「放免」と呼ばれた彼らは、検非違使の配下として、罪人の逮捕・処刑、ときには葬送にもたずさわった人々でした。

このような人々の存在形態を見ると、中世被差別民は多種多様な世界に生きていたことがわかります。

「ケガレ」を忌避する意識の浸透と被差別部落の形成

これらの人々が登場した背景には、貴族社会での「ケガレ」観念の肥大化《ひだいか》にともない、触穢思想（→Q６）が王朝都市・京都から畿内周辺へ、そして地方の農村へと浸透《しんとう》していくようになったことがあげられます。この触穢思想のひろがり・浸透とともに、もっとも「ケガレ」を遠ざけ、「浄」の状態を保たなければならないと観念されるようになったのは、天皇と神社でした。

放免

京都市内の犯罪を取り締まる検非違使とともに行動する髭面《ひげづら》の放免。『法然上人絵伝』。

出典）網野善彦『日本の歴史をよみなおす』（筑摩書房）

服忌令

「服」は喪服を着用し喪に服することで、「忌」は死の「ケガレ」を忌むことを意味する。親族が死んだ地方の主要な神社でも鎌倉期から室町期にかけて、「服忌令《ぶつき》」が成文化され制定されています。この服忌令は本来、有力な貴族や武家を対象としたもので、中世社会では支配者たるものが守るべき規範《きはん》だったのです。しかし、各地での服忌令の制定は、「ケガレ」を忌避する意識を体系化し、一般社会への浸透をうながし固定化させる役目を果たしました（原田信男『歴史のなかの米と肉』平凡社参照）。

それとともに、被差別部落の「形成」が進んでいったと考えられます。鎌倉末期の弘安年間（一二七八〜一二八八年）に成立した『塵袋《ちりぶくろ》』には、「非人・カタヒ・エタナト、人マシロヒモセヌ、オナシサマノモノナレハ」と記しています。

これによると、「ひにん」・「かたい」（乞食、皮膚病・ハンセン病患者）・「えた」といった中世被差別民が「人マシロヒモセヌ」（人との交わりもしない）と認識され、こうした人々が貴族社会を中心とした人と人とのつき合いから排除されている様子が示されています。このような人と人のつきあいからの「社会のしきたり」としての排除は、遅くとも、南北朝の内乱期（一三三六〜一三九二年）後には、畿内およびその周辺の一般民衆の間には定着していたと考えられます。

ときに、一定期間、自宅で謹慎《きんしん》することなどを定めたものをいう。

「ケガレ」と神社

「不許觸穢者入」（穢れに触れたる者の入るを許さず）と石碑に記してある香川県の神社。

出典）『写真記録全国水平社七〇年史』

Q 11 中世社会のなかで差別はなぜ、深化していったのですか?

中世社会が発展するにつれて、民衆の生活も向上していったはずです。なぜ、特定の人々への差別はひろがり定着したのですか?

平安初期に空海が創建した高野山金剛峯寺《こうやさんこんごうぶじ》に残されている文書によると、紀伊国《きいのくに》（現和歌山県）隅田荘《すだのしょう》の一三九五（応永二）年の証文には、「当村の頭《かしら》たちの家というのは村を創《つく》って以来、先祖代々、血筋の正しい家柄である、それゆえ、その時の富貴《ふうき》に迷って賤しい名を有する者との縁組をしてはならない」と記しています。そして、原文にそって紹介すると、「身上《しんしょう》ハ初メ貧敷共後富事有《まずしきともちにとむことあり》、血脈《けつみやく》ハ一度《ひとたび》穢《けがれ》テハ清事不叶《きよきことかなわず》、穢多之子孫《えたのしそん》ハいつ迄《まで》も穢多也《なり》」と続けて記しています（丹生谷哲一『検非違使―中世のけがれと権力―』平凡社参照）。

その内容は、「資産・身分・地位といった身上は、はじめは貧しいものであっても、時代を経て富むということもある。しかし、血脈というのは一度穢れてしまうと、清浄となることはできないものである。穢多の子孫というのは時代を経ても変

高野山

空海は嵯峨天皇に願い、八一六年、紀伊国伊都郡にある高野の地をえた。奈良県に接し一〇〇〇メートル前後の山々がそびえる高野山は、山林で修行するにふさわしい地であり、金剛峯寺を中心に諸寺院が建立され、真言宗の本拠となった。ただし、建立以後、何度か火災にみまわれ、建立当初の建物は一つも残されていないのが惜しまれる。

わらず、いつまでも穢多である」という意味です。このような意識は、この地域において、「えた」と呼ぶ人々への排除が村落レベルでの指導者層にも浸透し、定着し、「社会のしきたり」となっていた様子をうかがわせるものです。

血脈は一度穢れては清きこと叶わず

南北朝の内乱は、中世の村にも大きな変化をもたらしました。この時期、鎌倉末から形成されはじめた村の自治組織である惣村《そうそん》が、畿内およびその周辺において著《いちじる》しく発展します。自治組織である惣村は、大寺社、皇室・公家などの荘園領主や有力武士である守護・地頭の苛酷《かこく》な支配に抵抗し、戦乱や自然災害から村人の生活を守り、発展させるために形成されるようになったものです。

惣村が形成された村では、乙名《おとな》・沙汰人《さたにん》などとよぶ村落の指導者層である地侍《じざむらい》・有力百姓を中心に寄合《よりあい》が開かれ、そこでの決定に基づき村の運営がおこなわれるようになりました。こうした村のなかには、支配者である領主と年貢などの税の交渉をおこない、その結果、領主に対し定額の税の納入を請け負うかわりに、領主の村への支配と干渉《かんしょう》を排除することに成功した村も出現するようになりました。

それればかりではなく、惣掟《そうおきて》も定められ、村の住人はその掟に従うことで安定し

出典）『図説日本の歴史4』

た生活を営み発展させていったのです。豊作を祈願《きがん》し感謝する鎮守《ちんじゅ》の神の祭り、用水や入会地《いりあいち》とよぶ共有林野の共同利用と管理、近隣の村々との用水・林野の争いの解決なども、惣村を基盤《きばん》におこなわれました。惣掟を破った村の住人には、罰金《ばっきん》などの制裁《せいさい》が科せられ、ときには村からの追放もおこなわれました。

こうした村では、住人のなかにも血筋の意識が生じ、「血脈は一度穢れては清きこと叶わず」という意識から、「えた」とよぶ特定の人々を排除することを当然視する風潮が定着したのです。

「聖なる存在」意識の弱まり

また、その一方、南北朝の内乱は、人々の意識も大きく変えていったことが指摘されています。

中世の天皇と非農業民・被差別民との関係などを研究対象としてきた網野善彦さんは、この動乱を経ることで人々の「神仏なるもの」「聖なるもの」に対する意識も大きく変化するにいたったことを指摘し、この動乱を契機に、神仏・天皇といった「聖なるもの」の権威は著しく低下したことを強調しています（網野善彦『日本の歴史を読みなおす』筑摩書房参照）。

網野善彦

一九二八年山梨県生まれ。名古屋大学助教授を経て、神奈川大学短期大学部教授などを歴任。『中世荘園の様相』（塙書房）『日本の歴史10 蒙古襲来』（小学館）『無縁・公界・楽』（平凡社）『異形の王権』（同）『日本中世の非農業民と天皇』（岩波書店）『日本の歴史をよみなおす』（筑摩書房）『遊女と非人』（明石書店）など多数の著作がある。日本中世史を専攻し、中世非人をはじめとする非農業民の多彩な活動の研究により、これまでの農業民中心の日本史像の修正に大きな役割を果たしてきた。

網野善彦さんの説に基づくならば、「聖なるもの」の権威の著しい低下とともに、「聖なるもの」に直属し、「賤」であるとともに「聖」なる存在として、「畏怖《いふ》」される存在としても人々に受けとめられていた呪術性・漂泊《ひょうはく》性を帯びていた人々、とくにその機能そのものが社会的に忌避《きひ》された「穢」にかかわることの多い人々が「聖なるもの」と直結している、という意識が弱められていくようになっていったのではないか、と考えられます。その結果、定着農民から構成されるようになった村においては、「えた」と呼ぶ人々と、その居住地への賤視の度合いも、しだいに深まるようになっていったのではないでしょうか。

このことについては、中世民衆の生活と文化を研究対象としてきた横井清さんも、中世から近世に向かう彼らの存在と一般社会での意識の変容とを、次のように把握しています（横井清『的《まと》と胞衣《なえ》』平凡社参照）。

……ケガレ・不浄・汚穢《おえ》等々を一身に吸収しながらもなお立ち、神仏の威力を背に負って清浄の回復を現実の社会にもたらしうる呪術力・異能力を体現する、いわば〝破格の存在〟として、支配＝被支配の政治・社会・文化的諸関係のなかに確固たる位置を占めていたのに、少なくとも十三世紀半ば以降にはケガレの多き者というふうに貴族・寺社社会から見なされることによって、明らかな身分的差別の対象となり、近世初頭を迎えたということになるのであろう。

百姓という社会的身分の成立

このように、賤でありつつ「聖なるもの」としても受けとめられていた人々への賤視観念が、南北朝の内乱を契機に急激に深まってきたものなのか、それとも平安・鎌倉期からゆるやかに深まってきたものなのかは、今後の研究課題です。しかし、時代の進展のなかで南北朝の内乱後には、人々の意識のなかにあった「聖なる世界」が、しだいに俗世界に圧倒されるようになっていったことは確かなことです。その一方、惣村での耕作民として、肥料を生みだす山野の利用、農業生産に欠かせぬ用水を握り、排他的に独占する、百姓という職能集団（身分）も、南北朝の内乱後には意識されるようになっていきました。

その後、近世社会が成立してくる戦国期になると、惣村の結合がより広域化されるようになり、郷村《ごうそん》制が成立します。この郷村においては、生産を維持するための共有林野、用水の使用などの権利を構成員が世襲《せしゅう》化し独占化するため、新しい加入者すなわち居村《きょそん》に定着化しようとする者をしだいに排除するようになり、百姓と

百姓

古代社会では百姓《ひゃくせい》は、農耕民とは限らず、字義通りに「姓」を有する多様な人々をしめす言葉であったが、中世社会では百姓《ひゃくしょう》＝農耕民という概念が強まり、一般的には村落共同体に属する農民をさすようになっていった。しかしそれでも、百姓と呼ばれた人々のなかには、製塩・樵《きこり》など非水田的・非農業的な生産に携わっていた人々も相当数を占めていたのではないかと考えられる。

中世社会において百姓というのは、人身売買されたりすることのない独立の存在で、年貢などの税を負担する中世村落の定着民であると、当時の支配者ばかりでなく、みずからもみなすようになっていた、と考

いう社会的な身分が成立したと考えられます。

このような百姓という社会的身分を制度的身分にしていったのが、豊臣秀吉による太閤《たいこう》検地（一五八二年より開始）です。この検地により「村切《むらぎ》り」がおこなわれ、領域の定まった近世農村が成立することになりました。

民衆の成長と支配の「文明」化のなかで

近世農村の成立と同時に百姓とは、村に属し村の集団の一員として認められた者を意味し、属する村の一員として年貢などを納入する責任が求められる身分とされます。江戸幕府の農村支配もこの流れを継承していったものです。

この過程は、生産力の向上が農業経営の安定性を高めたことにあり、家産としての宅地・屋敷・耕作地の父子継承を可能にするものでした。そして領主の不法な支配と収奪に対しては、共同体としての村が対抗する力を身につけるようになっていったことが生みだしたものです。

惣村の形成以後、支配する領主の側も、自治的な村の共同体としての秩序を前提とし媒介《ばいかい》としなければ、年貢などの税を村の住人から収奪することが、しだいに不可能となりました。それゆえ、領主による支配は必然的に「文明」化され、制度

えられる。

そのような彼らは、中世社会では自立した一人前の証《あかし》として、腰に刀を差していた。刀を差すのは武士身分のみであるとして、農民から刀から奪ったのが、豊臣秀吉の刀狩であった。来日していたイエズス会宣教師ルイス・フロイスは「彼らはこのことを無上に悲しんだ」と記している。図では農民の象徴である鍬をかつぎ、腰に鞘巻《さやまき》につつまれた刀を差している「農人」が描かれている。『三十二番職人歌合』。

出典）高校日本史教科書（実教出版）

化せざるを得ないという方向性をもつようになってきたのです。

このことは、中世社会のなかで成長してきた民衆のかちえた成果であり、民衆の生活に安定性と永続性をもたらす、という大きな意義を有するものでした。しかし、このことは、もう一つの側面として、惣村の構成員となれなかった人々が村から排除されたり差別される要因となっていくことと表裏一体《ひょうりいったい》でした。

「遅れてきた定着民」

一方では南北朝の内乱以後、戦国期にかけて、中世被差別民の社会でも、農民化と被差別民集団としての農村形成が進みました。死牛馬処理・皮剥ぎなどで豊富に水を必要とする場合には河原地やその周辺に定着しました。そして、農耕にも従事するようになっていきました。

しかし、農耕に従事するようになったとは言え、彼らの耕作地や居住地は、完全に農民化し耕作により生活をささえるには不十分でした。なぜなら耕作地が限られていたばかりでなく、そこへの用水の権利（水利権）、肥料を生みだす山野の利用権（入会権《いりあい》）も不十分であったからです。先住の村から用水権・入会権を分与されないままの耕作地は安定的に存在することができず、ただの原野・河原地にすぎなかったのです。

そのような、耕作に必ずしも適さないような河原・荒地・低湿地を耕作地とし、定着していくことを余儀《よぎ》なくされた彼らは、いわば「遅れてきた定着民」でした。彼らは農民化しつつも、それまでの生業であった死牛馬処理や皮革生産、さまざまな芸能、宗教的行為、治安維持・犯罪取り締まりなどに従事し、その生活を支えることになったのではないかと考えられます。

近世社会形成の動きと「差別の深化」

南北朝の内乱以来の中世被差別民が、江戸期になると、どのようにして「えた」「ひにん」などに編成され、制度的な被差別民とされていったのか、その過程については不明な点が多く、現在の中世史・近世史研究の大きな課題の一つとなっています。

史料上では、江戸幕府が一六〇三（慶長八）年に成立したのち、翌一六〇四（慶長九）年に記された「豊国大明神《ほうこくだいみょうじん》臨時祭日記」のなかには、豊国大明神（豊臣秀吉をその死後、神として祀《まつ》ったもの）の祭に参加した人々として、「乞食《こつじき》、非人、鉢拱《はちたたき》、唱門師《しょうもじ》、猿つかひ、盲人、居去《いざり》、物不言《ものいわず》、穢多、皮剥、諸勧進《しょかんじん》ノ聖《ひじり》、異類異形《いるいいぎょう》、

豊国祭礼屏風

屏風には豊国祭に参加した「有雑《うぞう》無雑《むぞう》」の人々が描かれている。

出典）高校日本史教科書（実教出版）

有雑無雑馳集《うぞうむぞうはせあつまり》、不知員幾何《いんいくばくかしらず》」と記されています。これによると、江戸期になっても、その成立直後には、中世被差別民と同様な存在の人々が、「不知員幾何」（その数はどれくらいいるか不明である）と記されるほど、多数いたことを知ることができます。

これらの人々のうち、とくに近世の「えた」身分にされていった人々の系譜は、一つの見通しとして述べると、近世身分の編成の過程で、「遅れてきた定着民」、すなわち農民化しつつ、それまでに「ケガレ」を有する系譜として社会的に認識されてきた人々ではなかったか、と考えられます。このことは立証されておらず、あくまでこれまでの研究成果からの「一つの見通し」です。

民衆のこれまでの歴史を見ると、とくに前近代においては、単純に直線的に進展してはいないものです。プラスとマイナスの二つの要素を構造的に同時にもちながら展開する、と言っていいのではないでしょうか。

中世社会での惣村の構成員を中心とする民衆の成長は、それまでの恣意《しい》的な民衆支配、すなわち、領主による暴力的な支配と収奪を、一定の整合性と秩序をもった「制度化された支配」へと移行させていったのです。民衆の歴史という観点からすると、それはまさしく近世社会というものが成立したことの意義にほかならないものです。

しかし、その一方、百姓身分を社会的に成立させるにいたった中世の民衆が、百姓身分となった人々による被差別民の排除という「差別の深化」を生みだしていった、と見ることができます。

ただし、前述したような、近世社会の形成への動きと、近世社会の成立の意義を考えると、中世社会から近世社会への移行を、ただたんに「差別の深化」とだけ見ることは一面的な見方です。

Q12 「えた」という差別的言い方は、いつごろからはじまったのですか？

「えた」という差別的な言い方は、いつごろどのようにしてつけられたのですか？ その言い方をすることに、どんな意味があったのですか？

「ケガレ」を忌避する意識が体系化され、一般社会にも浸透するようになるにつれ、特定の人々が「えた」という差別的な言い方で呼ばれるようになりました。その「えた」という言葉は、歴史的に見ると、どのようにして生みだされ、定着していった言葉なのでしょうか。

藤原信実《のぶざね》が編纂《へんさん》し一二四〇（延応二）年前後に成立した『今物語』には、ある男が京都一条にある革堂《こうどう》に参詣《さんけい》したさい、出会った美女に興味をもち、そのあとをつけると、その女性は鴨川《かもがわ》の一条河原にある「きよめが家」に入った、という話が記されています。このことからすると、「清め」は河原の住人（「河原者」）であり、「清め」＝「河原者」というのが、当時の人々の受けとめ方であったと考えられます。

革堂

九州出身で一〇〇四（寛弘元）年に入京した行円《ぎょうえん》が、京都一条の地に観音像を安置し行願寺《ぎょうがんじ》を創建した。行円は皮衣をまとっていたので、革《かわ》聖《ひじり》と呼ばれた。彼が観音像を安置した堂舎《どうしゃ》も革堂と呼ばれ、被差別民を中心に熱心な信仰の対象となった。

「えた」呼称の初見

「えた」呼称の初見を『塵袋』に見ることができる。右から五行目以下に「一、キヨメヲエタト云フハ何

また、前出（Q10九九ページ）の『塵袋《ちりぶくろ》』には、「キヨメヲエタト云フ」とも記され、「清め」＝「えた」であることが示されています。

この二つをあわせて考えてみると、「清め」＝「河原者」＝「えた」である、と当時の人々が認識していたと言っていいでしょう。

その後、これらの「清め」「河原者」「えた」という語が中世後期には広まるようになり、近世初頭の太閤検地の段階では、畿内の一部で死牛馬処理・皮剥ぎなどに携わっている「かわた」の呼称へと変化していったことが確認されています。

「清め」＝「河原者」＝「えた」→「かわた」という流れ

一五九四（文禄三）年の河内国更池村《かわちのくにさらいけむら》の検地帳には、「かわた」の肩書きをもった人々が、一二三人記されているのですが、その他に一人だけ「《かわら物》助五郎」と記されている者がいます。この者は「かわた屋敷」に居住する者で、隣村河合村にも耕作地を有し、その検地帳にも「同助五郎《（河ら）》」「同助五郎《（かわた）》」と記され、助五郎は「かわら物（河原者）」であり「かわた」であることが、明らかにわかるのです（寺木伸明「近世部落の成立過程の具体相」『新修　大阪の部落史　上巻』解放出版社参照）。

これらのことからすると、「清め」＝「河原者」＝「えた」→「かわた」という

ナル詞ハソ、穢多　根本ハ餌取《えとり》トフヘキ歟《か》」と記されている。ただし、ここに記されている「穢多」という漢字は、後世の加筆とも考えられていることに留意する必要がある。

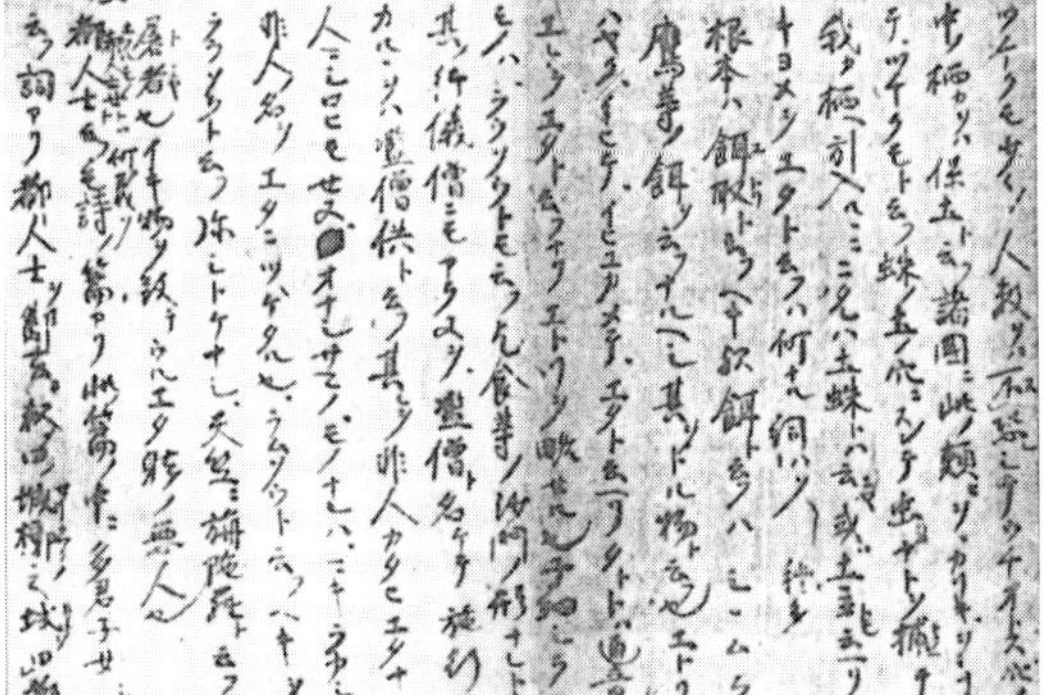

出典）秋定嘉和他『改訂版人権の歴史』（山川出版社）

大きな一つの流れがあった、と言えます。この流れが基本的に近世の「えた」身分を生みだしていったのか、それとも、この流れが近世の「えた」身分の単なる源流の一つにすぎないのかは、研究者によって見解が分かれるところです。

しかし、かりに他の系譜、すなわち「支流」がありえたにしろ、この流れこそが他の系譜に比して、より基本的な流れであり、「本流」、言い換えると近世の「えた」身分の人々につながる「一本の色鮮《あざ》やかな赤い糸」であった、と見ることができるのではないかと思います。

「えた」の語源

しかし、問題は「えた」という呼称です。この呼称は、中世被差別民の一呼称にすぎないものであったのですが、なぜ近世での制度的な被差別民の公的な呼称となっていったのでしょうか。「清め」や「河原者」や「かわた」の呼称ではなく、なぜ「えた」という呼称が選びとられていったのでしょうか。

そこには、「えた」という用語に漢字をあてはめたのち、字面そのものから人々が受けとるイメージが重視されていったのではないか、と考えられます。

現在までの研究では「えた」の語源そのものについては、次の二つの説があります。

(1)「餌取《えとり》」呼称の転化説（古代律令下で鷹《たか》や犬を飼育して訓練していた主鷹司《しゅようし》という官庁の末端で、鷹の餌となる鳥肉や獣肉の採取者の「餌取」の呼称が「えた」に転化したとする）。

(2)「穢手《えて》」呼称の転化説（「清め」の仕事の従事者である「穢手」の呼称が「えた」に転化したとする）。

その語源は不明ですが、古来からの浄穢観《じょうえかん》に加え、仏教思想の広まり・陰陽道の広まりのなかで、このような仕事に従事する人々を「穢《けが》らわしく」思う卑賤観《ひせんかん》が強まりました。そして、「えた」に不浄と「ケガレ」の多さを意味する「穢多」という漢字をあてはめるようになったのです。

「えた」＝「屠児」では

この「穢多」という漢字も『塵袋《ちりぶくろ》』に記載されています。ただし、この『塵袋』での「穢多」という漢字は後世に加筆した疑いもあり、正確ではありません。

一五九四年の更池村御検地帳

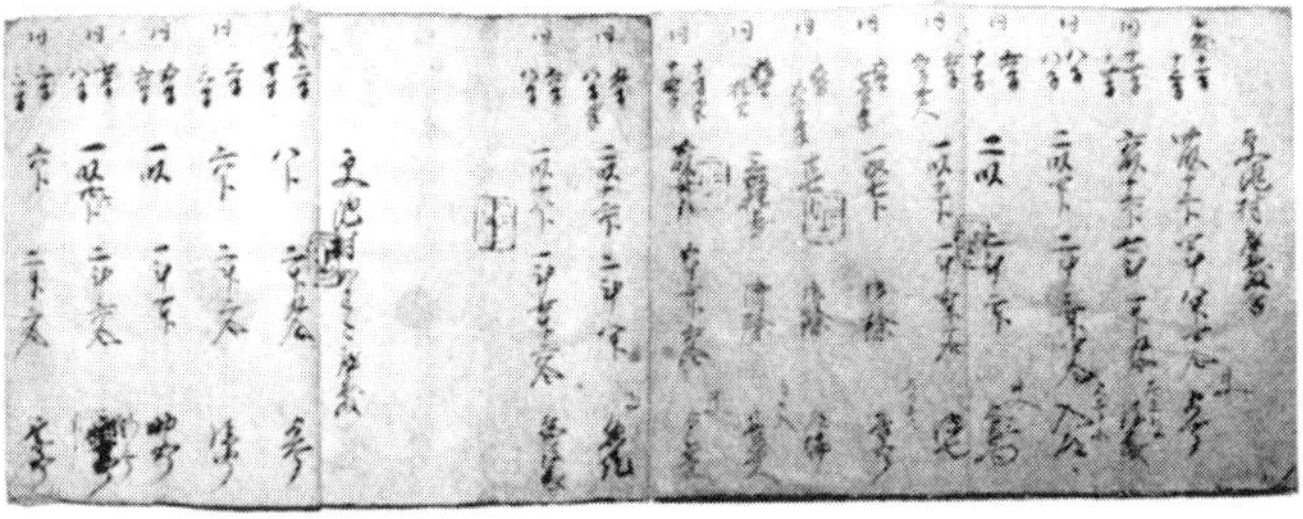

↑ ここに「更池村かわた屋敷」との記載が見える

出典）部落解放研究所編『新編部落の歴史』（解放出版社）

それとほぼ同時期に描かれ鎌倉末期の一二九六〈永仁四〉年に成立した『天狗《てんぐ》草紙《ぞうし》』には、京都の四条河原の様子とともに「穢多童《えたわらわ》」という言葉が記されています。この言葉が現在までのところ、漢字での「穢多」という表記に関しては、文献上での確実性を有する初見とされています。

『天狗草紙』は腐敗堕落《ふはいだらく》した大寺の僧侶《そうりょ》を天狗におきかえ、痛切に皮肉《ひにく》ったものです。このなかで、あちこち遊び歩き、宴会に興じている天狗が、酔狂《すいきょう》のあまり四条河原近辺で肉を食べようとします。そして、食いついた肉に針をさしておいた「穢多童」にとらえられて、首をひねられている場面が描かれています〈下図〉。

この場面で注目すべきことは、住居・菜園のわきで杭《くい》を打ち、獣皮を干していることです。この『天狗草紙』からは、漢字で記された「穢多童」という言葉自体とともに、そのように呼ばれた人々がどんな生活をしていたのか、ということもうかがうことができます。

また、これを見ると、「えた」は「河原者」のなかでも、その概念がもうすこし狭く限定され、「餌取」と同じような仕事に従事する人々＝「屠児《とじ》」のことを意味するのではないか、と考えられます。

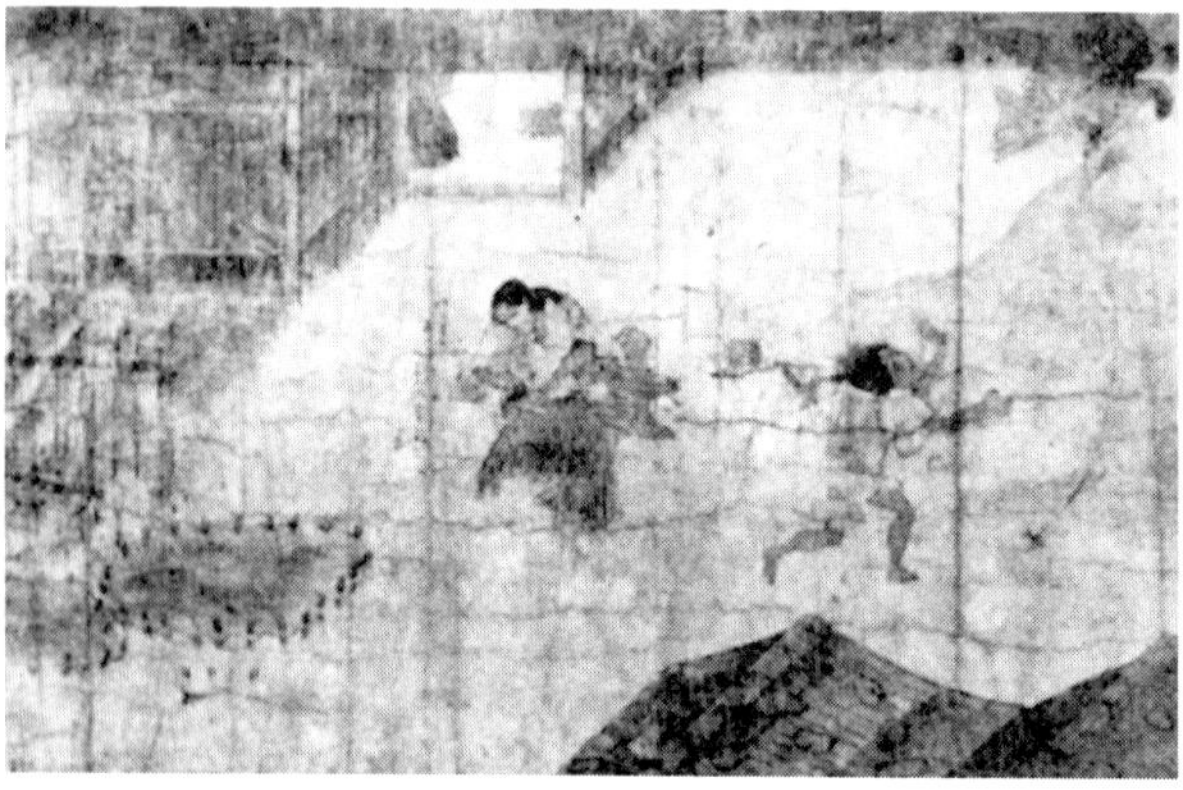

天狗草紙

ここでの「童《わらわ》」とは、子どものことではなく、常人としてあつかわれない人々を意味し、髪型も子どものように蓬髪《ほうはつ》にしていた。

「家筋」への固定

「穢多」という漢字をあてはめたことは、「えた」と呼ばれる人々自身に、自分が「ツミケガレ」を生まれながらに有しているという観念を植えつけ、また、周囲の人々にもこうした人々が容易に払い難い「ケガレ」を有しているとの偏見を維持し伝えていく、という機能を果たしました。

その後、一五世紀中頃に成立した『壒嚢抄《あいのうしょう》』という辞書には、「河原ノ者ヲエッタト云フハ、……常ニハ穢多ト書ク、ケカレ《けがれ》ヲホキ《おおき》故《ゆえ》ト云フ《という》、古キ物ニ餌取ト書ク、……餌取躰《てい》、賦《きたな》キ者也」と記され、「穢多」＝「賦キ者」として、「ケガレ」の観念が強調されるようになっています。

この「えた」という呼び名は、中世ではどの地域でも一般化し、通用している用語ではありませんでした。そのため、中世の被差別民である「ひにん」の一呼称であり、畿内およびその周辺を中心とする地域の一呼称であった「えた」と、近世での制度的被差別民の公的呼称となり、居住地・職業・身分が一体化し、固定された「えた」とは、必ずしも連続していないと、これまでは強調されてきました。

しかし、鎌倉期には「清め」＝「河原者（とくに『屠児』）」＝「えた」と認識さ

出典）『部落問題読本』

れ、太閤検地の段階で「かわた」と記され、江戸期になってから公的に「えた」と呼ばれるようになった人々の間には、前述したように、けっして軽視できないほどの連続性があると考えるべきです。

ただし、中世社会では脱賤化《だっせんか》も可能であり、その身分も流動的でした。中世社会では制度的な身分は存在せず、それぞれの身分は社会的な身分にすぎなかったのです。そのため、身分間の移動も近世社会にくらべ、ゆるやかであったのです。その点にかんしては、非連続性がある、と言っていいでしょう。

身分が制度化された豊臣政権期・徳川政権初期になると、「えた」身分の人々の大部分は農業に従事していましたが、当時の支配者から一定の「権利」を与えられつつ、「ケガレ」に触れると考えられた死牛馬処理・皮革加工、犯罪人の逮捕などの下級警察的な業務などをおこなう「家筋」の人々として固定されていくようになりました。それゆえ、武士身分・平人身分の人々は「えた」身分の人々を自分たちの集団とは同一とみなすことのできない社会集団として扱い、賤視の対象にしたのです。

中世の身分制

身分が制度化されていた古代社会、近世社会と異なり、中世社会では制度化された身分は存在せず、身分はあくまで社会的な慣習にもとづいて序列化された社会的身分であった。それゆえ、中世社会での身分はきわめて複雑であるが、おおまかには、①天皇と天皇の同格として扱われる「貴種」（藤原摂関家や鎌倉・室町将軍）、②貴族・武士、③百姓（自立した農民など、「凡下《ぼんげ》」とも呼ばれる）、④下人・所従《しょじゅう》（隷属《れいぞく》した農民など）、⑤中世「ひにん」、に分けられる。なお、手工業者・商業活動従事者も非農業民として卑賤視された存在であった。

Q13 近世の部落は、どのようにして制度化されたのですか？

近世社会になると、部落はどのように成立し制度化されていったのですか？　また、この時代の身分構造はどのようになっていたのですか？

被差別部落の成立を考えるうえで重視されなければならないのは、「えた・ひにん」などの近世被差別（賤民）身分が、いつ法的に確定したのか、ということです。これについては、江戸幕府や各藩からの法令がでていないので、明確ではありません。

しかし、豊臣政権期には、検地帳に「かわた」（皮田・皮多・革多）、「かわや」（皮屋・革屋）、「さいく」（細工）などわざわざ肩書《かたがき》が記されている耕作者がいます。「かわた」「かわや」は戦国期には職能集団、社会的な身分として成立していたものです。

天下を統一した豊臣政権は全国を支配下におさめる過程で、一五八二（天正一〇）年以降、順次検地を実施し、村ごとに検地帳を作成しました。この検地帳は、身分や職業を明らかにするためのものではなく、田畑の等級・面積とともに耕作者名を記したもので、土地台帳としての役割をもつものでした。

　この検地や検地帳の作成は、江戸幕府でも踏襲《とうしゅう》されていきます。そして、「かわた」「かわや」といった呼称は、公的には被差別身分として「えた」という呼び方をされるようになり、検地帳などでもそのように記されるようになったことが、確認されています。

「えた」呼称の公的使用へ

　この「えた」という呼称が、幕府の公文書に登場してくる最も早い例は、これまでの研究によると、一六四四（寛永二一）年の河内国更池村《かわちのくにさらいけ》の「家数人数万改帳《かすうにんずうよろずあらためちょう》」に記されているものです。

　そして、幕府法令では一六五六（明暦二）年の「盗賊人穿鑿条々《とうぞくにんせんさくじょうじょう》」に初めて記されています。これは、出家《しゅっけ》・山伏《やまぶし》・虚無僧《こむそう》・鉦叩《かねたた》きなどとともに、「えた」・「ひにん」・乞食をあげ、これらの人々が盗賊同様であるとして、隔離《かくり》・監視すべき存在として扱うように命じているものです。

　また、各藩の例をみてみると、徳島藩の場合、一六〇四（慶長九）年の検地では

検地帳での肩書記載
　検地帳に「さいく」という肩書が記された百姓は、近世被差別民になっていったと考えられている。この検地帳は、摂津国（現大阪府域・現兵庫県域の一部）のある村の一五九四（文禄三）年のものである。

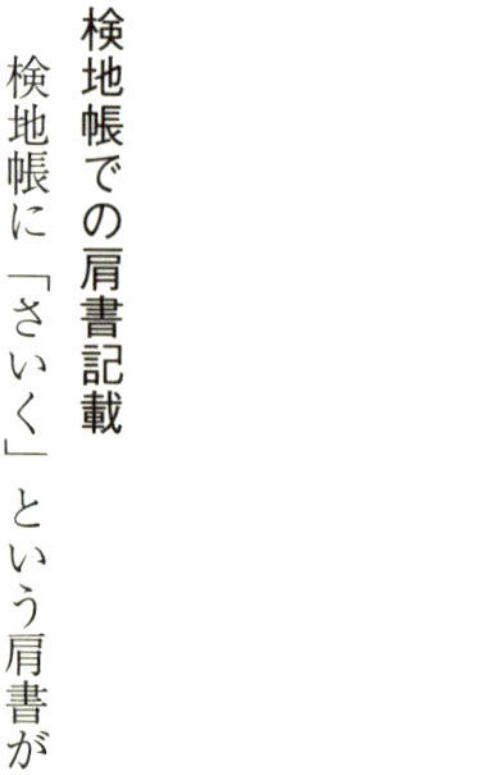

出典）『部落問題読本』

「かわや」と記されているのが、戸籍調査の役割をも有する棟付帳《むねつけ》の記載では、一六五六（明暦二）年に「本百姓但《ただ》し革多」と記されています。そして、一六七三（延宝二）年には「穢多百姓」、一七一八（享保三）年にはたんに「穢多」と記されるにいたっています。

これをみると、徳島藩の身分把握は、その呼称の変化から見ると、「かわや」としての把握から、「農地を所有し農業を営む百姓であるが、ただし『かわた』役を負担する『かわた』である」という段階をへて、「『えた』身分であるが、百姓を営んでいる」という段階になり、そして「えた」そのものとして把握する段階にいたったことが明らかにわかります。

ここから、「かわや」と呼ぶ人々に対しての賤視観が徐々に強められ、制度的な賤民身分として「えた」という呼称で扱うようになっていったことがうかがえます。

徳島藩では、江戸初期に「かわた」は河川普請《かせんふしん》など百姓身分の人々と同様の仕事（役《やく》）が課せられていたのですが、一六五四（承応三）年には、徳島城下周辺でのちに「えた」身分として記載されていく人々に、城下市中の掃除役（死体の片付けを含む）を課し、そのかわりに百姓役を免除するようになりました。

被差別部落はいつ成立したのか

このようないきさつで「えた」呼称が公的な被差別身分の呼称として定着していったため、「被差別部落の成立」の時期については諸説があります。そのなかで、前述の一六世紀末の豊臣政権期とする説があります。また、江戸幕府が樹立されその支配が安定した、寛永期（一六二四〜一六四四年）のころとみる説もあります。

豊臣政権では、検地の開始以後、一五八八（天正一六）年には刀狩令《かたながりれい》をだし、地侍・百姓が一揆をおこすこと、村落間の紛争の解決に武器を用いることを禁止し、百姓を農耕に専念させるようにしました。そして、一五九一年（天正一九）年には、武士に仕える奉公人が百姓・町人になることや、百姓が耕地を捨てて商売・賃仕事をおこなうことを禁止する人掃令《ひとばらい》をだしました。さらに翌一五九二（天正二〇）年には、朝鮮侵略に動員する武家奉公人・人夫・兵糧米《ひょうろうまい》の確保のための人掃令をだして、村ごとに戸数・身分・男女の別を調べる全国的な戸口調査を実施しました。

全国を統一した豊臣政権のもとで、検地をはじめ、これらの一連の政策が推進されたことにより、武士や商人・職人は城下町に移り住むようになりました。

宗門人別改帳と身分
改帳には百姓一軒ずつの名前と年齢、宗旨、誕生・婚姻・奉公・死亡などによる住民の移動が記された。村の改帳に登録された者が百姓身分とされ、それに対し、町の改帳に登

そして、村に住む人々、町に住む人々とが分けられるようになり、兵農分離・商農分離が進むようになったのです。なお、これまでは、豊臣政権下での一五九一（天正一九）年の人掃令を、身分を統制するねらいでだされた法令とみなし、「身分統制令」と呼んできましたが、これは誤った解釈であることが実証的に明らかにされています（高木昭作『日本近世国家史の研究』岩波書店参照）。

江戸期に入ると、豊臣氏を大阪の役（一六一四〈慶長一九〉～一六一五〈慶長二〇〉年）で滅亡させた幕府は、一六三七（寛永一四）年にキリシタンの天草四郎時貞《ときさだ》を首領に、百姓・牢人《ろうにん》がおこした天草・島原一揆（島原の乱）を、九州の諸大名の軍一二万を動員し、鎮圧します。その後、一六四〇（寛永一七）年、キリシタンの摘発《てきはつ》と禁圧《きんあつ》のために宗門改《しゅうもんあらため》という制度を設けます。そして以後、すべての人々を寺に登録させる寺請《てらうけ》制を実施し、戸籍の役割をも果たす宗門人別改《しゅうもんにんべつあらため》帳《ちょう》の作成を義務づけるようになっていきます。

この宗門改の制度により、それぞれの村や町の住民が身分ごとに掌握され、固定化されていったことを重視すれば、寛永期に幕府による身分支配が整備され、「えた」身分の制度化につながったと見ることができます。

それゆえ、「被差別部落の成立」の時期については、検地帳で「かわた」「かわ

録された人々が町人身分であった。「えた」身分はのちに、村の改帳の末尾に記載されるか、別帳に記載されるかしていった。

作成手続きと様式については、一六七一（寛文一一）年に統一化が進められたが、幕府直轄領《ちょっかつ》（天領）と各藩、東国と西国によりかなりの地域差を有する。しかし、身分の扱いについては基本的に変わらなかった。

写真は出羽国村山郡山口村（現山形県天童市）の一六七四年の『耶蘇《やそ》宗門御改之帳《おんあらためのちょう》』。

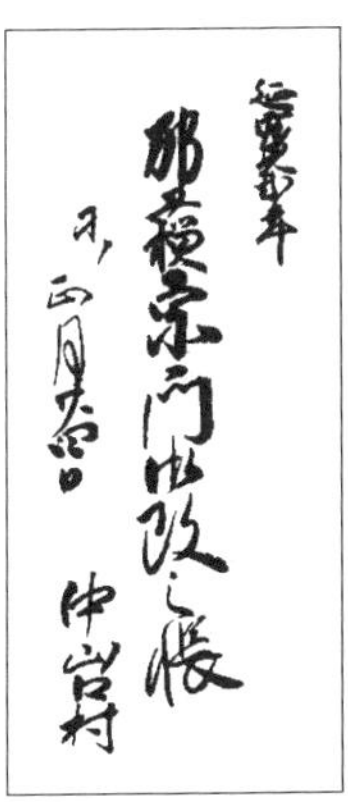

出典）高校日本史教科書（実教出版）

や」などとして把握されていった近世初期の一六世紀末から、宗門改の制度がつくりだされ実施されていくようになった時期、そして、幕府法令での「えた」呼称の初見までの時期、すなわち一七世紀半ばにかけて成立してくる、と大《おお》まかにとらえておきたいと思います。

武士―平人―賤民

その後、一七世紀後半の寛文・延宝期(一六六一〜一六八一年)には、これらの人々を対象に宗門人別改帳での別帳記載、検地帳での末尾への記載、一部の地域では劣悪《れつあく》な土地への強制移住などがおこなわれていきます。

宗門人別改帳も一六七一(寛文一一)年には法制的に整備され、記載の様式の統一化へと向かいます。もはや、村や町の住民のすべてがその身分を統一的に寺院に把握され、幕藩体制下の身分支配のなかに組み込まれるようになりました。そのさい重要であったのは、職業にかかわりなく村の改帳に登録されたものが「百姓」であり、町の改帳に登録されたものが「町人」であったことです。

すなわち、大工などの職人も村に住み村の改帳に登録されたならば百姓身分であり、町に住み町の改帳に登録されたならば町人身分となったことです。

しかし、制度上は移住・職業変更も認められていたのであり、百姓身分と町人身分の移動もありえたのです。百姓身分の者が町の商人のもとに奉公にいき、そのまま村に戻らず、独立して店を構える例もありました。その場合は百姓身分から町人身分への変更がなされたのです。

全体的に見ると、百姓身分と町人身分の境界は曖昧《あいまい》であり、百姓身分と町人身分はあわせて平人身分《へいにんみぶん》として把握するのが適切です（朝尾直弘編『日本の近世7 身分と格式』中央公論社参照）。

この平人身分は、上に武士身分をもつものであり、下に被差別（賤民）身分を有することになりましたが、この三つの身分相互の移動は原則的に禁止され、否定されました。

このことからすると、一六四〇（寛永一七）年に宗門改役が設置されたことの意味は大きいのです。それは、ここにおいて、太閤検地以降の大きな流れとして、「武士―平人―賤民」という近世的な身分制の仕組みがつくりだされるようになったからです。

このようなことが可能になった背景には、中世後半から、それぞれの職能集団（身分）による定住化と職業の分化が進行していたことがあげられます。

被差別部落の確立以後

元禄期（一六八八〜一七〇四年）には、「えた」身分の人々の居住地を竹垣で囲むことや、検地帳での別帳への記載も一般化し、公的な制度として全国的に整えられ、被差別部落そのものが「確立」した、とみてよいのではないかと思います。

この元禄期には、五代将軍綱吉によって、一六八七（貞享四）年に「生類憐《しょうるいあわれ》みの令」がはじめて出され、以後、それが何度もくりかえし出されました。この「生類憐みの令」も庶民レベルでの「死穢」の意識をいっそう強め、死牛馬処理をおこなう「えた」身分の人々への差別をさらに強めるきっかけとなっていったのではないか、と考えられています（塚本学『生類をめぐる政治』平凡社参照）。

さらに、享保《きょうほう》期（一七一六〜一七三六年）には、「えた」身分の人々の年貢に限り、現物納ではなく金銭で納めること、これらの金銭を別に包み「えた納」と書くことを一七二〇（享保五）年に命じたり、畿内とその周辺を中心に部落の寺と部落外の寺を分け、部落の寺を浄土真宗の「穢寺《えじ》」に組み入れる部落寺院制の編成、東日本などでの「差別戒名《さべつかいみょう》」の使用がおこなわれ、部落外の人々に部落の人々との交際を断ち切るように命じたりしています。

「差別戒名」墓碑（埼玉県内）

生前の「えた」「ひにん」身分が明確にわかるように、「皮」「革」などをつかい、意図的につけられた戒名を「差別戒名」と呼んでいる。当時、「差別戒名」の付け方の手引書も作成され、幼児にまでつけられた例もあった。

出典）『部落問題読本』

年貢納入での差別は二年後には撤回します。しかし、「えた」身分の人々を「穢れたるもの」とする差別的な扱いは、その後も具体的なかたちで強化されています。

また、この時期、幕府の賤民政策に大きな役割を果たした江戸の弾左衛門《だんざえもん》に対し、非人頭・車善七《くるまぜんしち》が一七二二（享保七）年にその支配下のものではないとして争いますが、裁判では認められず、以後、支配下であることが確立されます。そして、「ひにん」身分の人々は髷《まげ》を結《ゆ》うことは許されず、ざんぎり頭となり、髪型から「ひにん」身分が明確となるようにされています。

このような流れがあるため、研究者のなかには被差別部落の「成立」ということを厳密《げんみつ》にとらえ、劣悪地への強制移住を「地域差別の編成」として、寛文・延宝期を重視する人や、「えた」身分の人々を「人外《にんがい》」の存在として扱い、民衆統制の一手段としていった、元禄・享保期こそが「成立」の時期であるとして重視する人もいます。

このように諸説があるのは、被差別部落をどのようにとらえるのか、起源というものをどのようにとらえるのかということについて、研究者の考えが必ずしも統一されておらず、とくに部落の本質についてのとらえ方に相違があるからです。

「長吏」と「ひにん」の髪型

右が「ひにん」、左が「長吏」の髪型。髷《まげ》を結うことが許された「長吏」に対し、「ひにん」は月代《さかやき》を剃《そ》ることは許されても、髷を結うことは許されなかった。髪型も身分を示す標識《ひょうしき》であった。

出典）『弾左衛門とその時代』

いずれにしろ被差別部落は、一七世紀後半から遅くとも一八世紀前半までの間に全国的に整えられた、と言えるでしょう。

江戸時代の身分構造

被差別部落が全国的に整えられるにともない、江戸時代の身分構造はどのようになったのでしょうか。

おおまかに言えば、①支配階級である将軍・武士、天皇・公家《くげ》など、②被支配階級である平人、すなわち百姓（その多くは農民であるが、製塩・漁撈《ぎょろう》・海運などに従事する「海の民」、鉱山労働者・樵《きこり》・木地師《きじし》・川漁師・筏師《いかだし》などの「川と山の民」を含む）、町人（町住まいで定められた役《やく》を負担する商工業者）、③被支配階級のなかでも、差別を受けた「えた」「ひにん」、そして各藩・各地域で呼称ばかりでなく存在形態も多様であった「雑賤民《ざつせんみん》」と総称される人々に区分することができると思います。このほか、僧侶・神職など別格の身分もありました。

このなかで現在、「雑賤民」と総称されている人々の名称は、「夙《しゅく》（宿）」・「番太《ばんた》」・「鉢叩《はちたたき》」・「鉢供養《はちくよう》」・「猿曳《さるひき》」・「藤内《とうない》」・「物吉《ものよし》」・「茶筅《ちゃせん》」・「死苦《しく》」など五〇以上におよんでいます。彼らは各藩、各地域によって異なる扱い

「鉢叩」

「鉢叩」は、室町時代・江戸時代を通じて、時宗に属し、半僧半俗の姿で、鉄鉢《かねばち》、ヒョウタンを叩きながら、念仏を唱えた。一軒一軒をまわり勧進したり、墓地・葬送地を巡り歩き施しを受けた。『七十一番職人歌合』。

出典）網野善彦『職人歌合』（岩波書店）

を受けました。「えた」「ひにん」同様に、統制を受け、身分にともなう特定の仕事（役）、すなわち牢番や刑の執行などが課せられる被差別民（「制度的賤民」）と、賤視は受けるが身分にともなう特定の仕事を課せられることがなかった被差別民（「社会的賤民」）がいました。

また、支配階級のなかにあって、天皇は、その父系の血統を有する者しか即位できないという特異な身分であり、「社会外の身分」とも言うべき存在でした。一方、「えた」身分の人々も形の上では「社会外の社会」に存在し、平人社会とは異なる独自の社会を形成し、その身分にともなう独自の仕事を果たす人々として位置づけられていました。「貴」と「賤」とは対応する存在でした。

江戸時代の身分構造を図示することは極めて困難なことですが、これらを前提にし、あえて単純化して図示すると、下図のように書き表すことができるのではないでしょうか。すなわち、「士・農・工・商・えた・ひにん」という単純なピラミッド構造ではなく、支配階級のなかでも、天皇は特異な「侵しがたい貴種」として扱われる別格の存在で、社会外的要素を有する存在でした。同時に「貴」に対応した「賤」である「えた」身分の人々も、別格の存在で、社会外的要素を有する存在でした。

江戸時代の身分構造

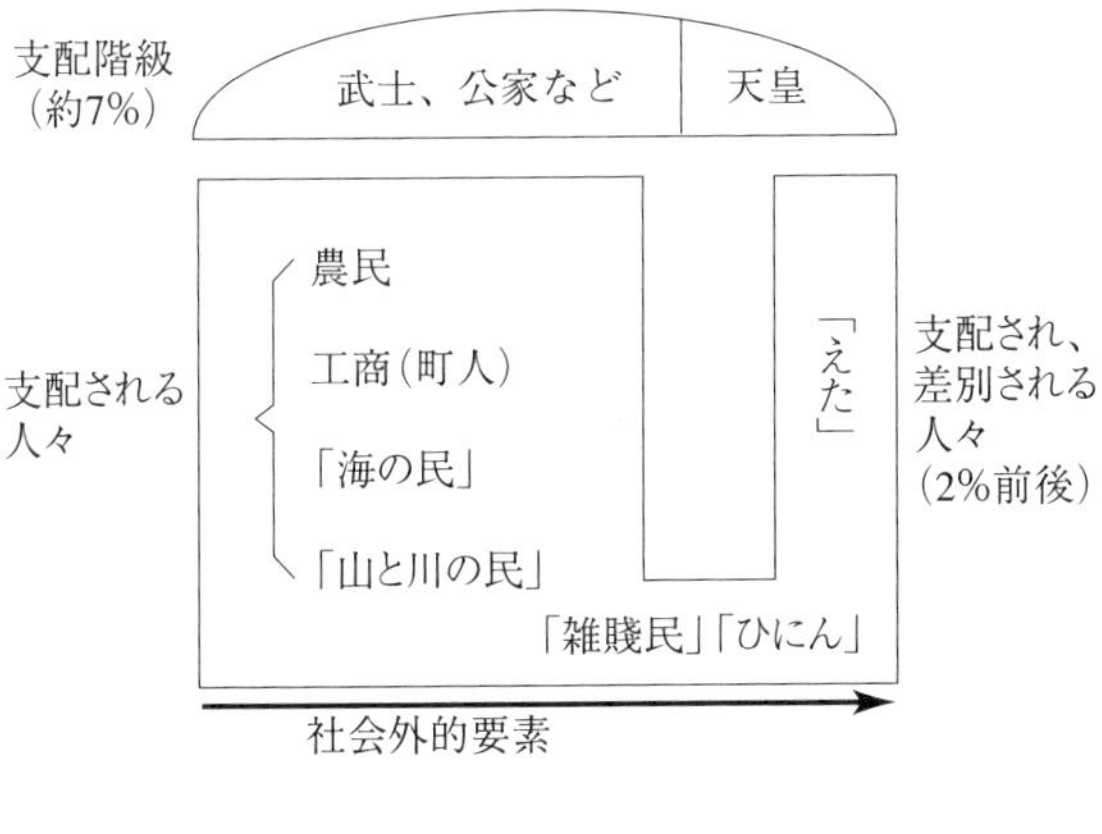

これに対し、農工商、「海の民」「山と川の民」は平人身分として「ひとまとまり」の存在でした。「ひにん」身分は、「えた」身分より低い身分として位置づけられました。畿内では「ひにん」身分は「えた」身分の支配を受けなかったのですが、関東では「えた」身分の支配を受けました。ただし、「雑賤民」とともに、平人身分とはつながりのある身分として位置づけられ、「えた」身分の者が平人身分になることは許されなかったですが、平人身分から「ひにん」身分に貶《おと》された者は場合によっては平人身分に戻ることができました。

「雑賤民」は各藩・各地域で存在形態が異なりますが、その一部はより平人身分に近い存在とみなされ扱われました。「乞胸《ごうむね》」という「雑賤民」は、身分が町人でありながらも芸能という仕事に従事する限りは、「ひにん」の支配を受け、その仕事に従事することをやめると「ひにん」の支配を受けない存在となりました。このような「雑賤民」も存在していたのです。

Q14 「不満をおさえるために部落をつくった」というのは本当ですか？

「江戸幕府が農民の不平・不満をおさえるために部落をつくった」と習ったのですが、どうも信じられません。本当にそんなことがあったのですか？

とてもむずかしい質問です。この質問に答える前にまず、「えた」身分とされた人々はどんな人々なのかを考えてみましょう。

これまでの研究では、「えた」身分の源流となった人々は、寺木伸明さんによると、次のような人々であるとされてきました（寺木伸明『近世部落の成立と展開』解放出版社参照）。

(1) 農業従事者の一部で、村々で農業を営みつつ、「清め」「えた」「かわた・かわや」「長吏」などと呼ばれていた人々。

(2) 下層の諸職人で皮剥ぎ・皮細工人、「青屋《あおや》」とよぶ染色業者、運送業者（馬借《ばしゃく》、渡守《わたしもり》など）、水夫、竹細工などに従事していた人々。

馬借

南北朝の内乱以後、運送業者である馬借の一部も「犬神人」と同様に「ケガレ」を清める役割を果たすようになった。『石山寺縁起絵巻』。

(3)　寺社の清掃（「清め」）、死牛馬の処理、遊芸などをおこなってきた人々。
(4)　山林を管理する山番、水利を管理する水番などの番人。

これに対し、東日本をフィールドに被差別民の研究を深めてきた藤沢靖介さんは、その研究から寺木さんが「えた」身分の源流とした「庭掃」・「水番」は「えた」身分に編成されたのではなく、もともと「長吏」として「庭掃」・「水番」の仕事をつとめていたか、または「長吏」と同一の身分集団であった、と見ています。また、寺木さんが例示した「渡守」についても、論拠・実証性がないことを指摘しています（藤沢靖介『部落の歴史像——東日本から起源と社会的性格を探る』解放出版社参照）。

このような研究状況ですが、寺木さんが例示した人々は、いずれも中世「ひにん」と総称される中世被差別民の仕事と密接にかかわる人々であり、まだ完全には立証されていませんが、中世社会で「清め」＝「河原者（とくに『屠児』）」＝「えた」と呼ばれてきた人々の系譜を引く人々と考えられます（→Q６）。

これらの人々が社会的分業の進展のなかで、多様な仕事に従事するようになり、その呼称も多様になっていったことがうかがえますが、「えた」身分に編成されていったのは、中世被差別民一般ではなく、基本的には中世社会で「えた」と呼ばれ

出典）網野善彦『日本の歴史をよみなおす』（筑摩書房）

ていた人々であり、系譜的にも「清め」「河原者」との間に大きな断絶があると受け取るのは困難である、と言っていいでしょう。

定住化と職業での分化の進行

では、いったいなぜ、これらの人々が近世被差別身分に固定されることに反抗せずに、たやすく近世被差別身分に編成されていったのでしょうか。

そこには、中世後半の社会変動のなかで、多種多様に定住化と職業での分化が進行し、居住と職業の両面での固定化がしだいになされるようになったことがあげられます。そして、中世後半のそれぞれの職能集団（身分）は、社会的分業の進展の結果、従来から持っていた職能にともなう特権を強めていた、ということがあったからです。

百姓という職能集団の人々は、惣村の進展のなかで耕地を独占し利用する「権利」とともに、村落共同体の成員として居住する権利を強めていきました。鍛冶《かじ》・石工《せつく・いしく》・皮細工・竹細工などの多様な職人も、その技能をもとにした仕事に従事し、独占する権利を強めました。同様に、芸能民はその技能を独占し、諸国をめぐり芸能に従事する権利を、船頭は川守りと川渡しを独占する権利を強めてい

室町時代の「えた」

死牛馬の皮を剥ぎ、洗い、干し、そして鞣《なめ》すという一連の作業は、熟練を要した。『七十一番歌合』。

出典）『改訂版人権の歴史』

ったのです。

また、都市においても職能による同業集団をつくり、町衆《ちょうしゅう・まちしゅう》として新しい流入者を防止する、排他的な共同組織をつくるようになっていました。新参者は町衆の合意があってはじめて、その町の住人となることができたのです。

各地域の生産力の発展に応じた社会的分業のなかで、このような動きが進展しました。この過程は中世被差別民が、皮革業を主たる職能とする集団、芸能を主たる職能とする集団、物貰い渡世《とせい》を主たる職能とする集団、などに分化する過程でもありました。中世被差別民のなかには分化の過程において、唱聞師などのように集団で寺社からの従属を離れ、自立化する集団も出現しました。また、個人的に被差別民の集団から離れ、被差別身分から脱するようになった人々もいたと考えられます。しかし、基本的には被差別民も、百姓、町人と同様に、職能による集団のなかで、生業を確保し、独占する方向に向かいました。

「えた」身分の人々の被差別部落は、どのようにして成立したのか

豊臣政権・徳川政権は、こうした人々の存在形態を前提に、近世のさまざまな身分を制度化していったと考えられます。このうち、とくに被差別身分については、

皮細工人
武具ばかりでなく、祭礼のときの太鼓、農作業に使う綱貫靴《つなぬきぐつ》（皮製の労働靴）などにもちいられる皮革は、

地域ごとの社会的分業の進展と慣習を利用しながら、村落共同体において死牛馬処理・皮革加工や種々の細工に従事する権利を持つ百姓・手工業者を「かわた」「かわや」身分（のちの「えた」身分）に、物貰い渡世の人々を「ひにん」身分に、また、死穢にたずさわらず放浪の形態を残していた芸能民を「ひにん」身分や、多種多様の名称で呼ばれる被差別身分（「雑賤民」）に、それぞれ編成し、固定化していったと考えられます。

言い換えると、近世被差別民として編成されたのは、前述したように、中世「ひにん」と総称される中世被差別民ですが、それらの人々のうち、死牛馬処理・皮革加工・細工・下級警察業務などを職能としていた集団、すなわち、中世の「えた」の系譜を引く人々の集団がその職能の権利を確保し、戦国期に武士権力により認められる一方、皮革の納入などをする義務（「かわた」役）を課せられることになりました。

以後、豊臣政権期・徳川政権の初期になると、しだいに「かわや」「かわた」という一つの身分として制度化されるようになりました。そして、その居住地も固定され、公的に、近世身分制のなかでの「えた」という身分呼称にされていったのです。

ただし、「かわや」と呼ばれていた人々のうち、皮革製品を扱い町に住んでいた

しなやかで丈夫で生活のなかでも重要なものであった。その皮革を独占化するなかで、職能集団が形成された、と考えられる。『今様職人尽百人一首』。

出典）『人権のあゆみ』

商人、皮革を利用した鎧《よろい》づくりの職人のなかには、そのまま町人身分に編成され、町の住人になっていくようになった人々もいました。これまでの研究でも実証されていませんが、これらの人々は、当時の人々の意識のうえで、死牛馬処理、皮剥ぎに携わっている「かわや」とは、名称は同一であっても、系譜的には異なる人々、あるいは「死穢」には携わっていない人々である、とされていたからではないかと考えられています。こうして「えた」身分の人々の被差別部落が「成立」していったと考えることができます。

皮革の確保と治安維持

このようなことがおこなわれていったのは、軍需物資として欠かせない皮革をどのように統制し、確保するかということが、戦国期以来、武士権力の重要な関心事であったためです。死牛馬から皮を剥ぎ鞣《なめ》して必要な皮革にする、という技術は高度であり、専門的な技能を必要としました。そのために、戦国大名は彼らを統制しつつ保護する、という政策をとりました。

豊臣政権も江戸幕府も同様な課題をもって皮革を確保しようとしました。江戸幕府が「弾左衛門という制度」を作り関東の被差別民の多くを統制させたのも、皮

鎧づくり

武士にとって、鎧兜《よろいかぶと》・馬の鞍《くら》などはなくてはならないものであった。鎧師などが必要とする皮革をどのように統制し確保するかは、重要な関心事であった。『職人尽絵』。

出典）『江戸時代の被差別民衆』

弾左衛門

江戸幕府が皮革確保、治安維持、被差別民の統制のために「えた」頭として任命したのが弾左衛門である。弾左衛門はほぼ一七世紀中ごろ

革の確保・統制が念頭におかれていたためでした。

　その後、豊臣氏が滅亡し「太平の世」になります。それ以降、軍需物資としての皮革確保の意味が急速に失われるようになってからは、皮革の確保とともに、「えた」身分の人々の役割の一つである治安維持の側面が強められ、重視されていったものと考えられます。

「かわた」と呼ばれた人々は、戦国大名の保護を受け、下級警察業務にも携わっていました。このため、その流れを引き継ぐ形で、近世での「かわた」役には下級警察業務が含まれたのです。

物貰いも職能の一つ

　なお、「ひにん」の主たる生計手段である物貰い、すなわち乞食をおこなうことも当時の職能の一つでした。

　中世社会での物貰いは、単に一方的に「お恵《めぐ》み」を乞うという関係ではなく、恵む側には恵むことにより現世での功徳《くどく》を積み、来世での幸福を願うという積極的な意味を有するものでした。

「施《ほどこ》す―施される」という関係が有する宗教的な観念は、江戸期に入るとしだい

にはその支配的地位を確立し、各地の「えた」小頭や「ひにん」頭を通じて、被差別民を統制する一方、保護した。

　その支配は一八〇〇（寛政一二）年には、江戸および関八州《かんはっしゅう》（武蔵《むさし》・上野《こうづけ》・下野《しもつけ》・常陸《ひたち》・上総《かずさ》・下総《しもうさ》・安房《あわ》・相模《さがみ》）と伊豆《いず》の全域、駿河《するが》・甲斐《かい》・陸奥《むつ》のそれぞれ一部の「えた」「ひにん」と猿飼《さるかい》など七七二〇軒、人口では七万人を超えていた、と記されている。

　幕末期の弾左衛門には二三〇人の家従がおり、その生活は三〇〇〇石取りの武士に匹敵《ひってき》した。

　明治期になると、皮革の専売権・被差別民への支配権など「えた」頭としての特権を失った。そこで、軍靴製造に活路を見い出そうとして皮革工場に巨費を投じたが、いきづまり倒産を余儀なくされた。しかし、

に薄れるようになりました。しかし、近世社会のなかにもこのような宗教的観念が存在していたため、「施される集団」も一つの身分として存在し続けることになりました。

「施す集団」と「施される集団」の関係は、現代に生きる私たちの日常生活のなかからは理解しがたいのですが、当時の社会においては具体的に目に見える集団と集団との関係として成立していたのです。

それゆえ、物貰いも社会的分業のなかの一つとして存在し、社会のなかで一定の役割を有し、「施される集団」としての権利をもっていたのです。

近世政治起源説の誤り

以上から質問に答えることができるかと思います。つまり、「武士が農工商の不平・不満をそらすために、より低い「えた・ひにん」という被差別（賤民）身分をつくった」、あるいは「農民から重い年貢を取り立てる必要のあった江戸幕府が、『上をみて暮らすな、下をみて暮らせ』と民衆に教え込むために、「えた・ひにん」という被差別（賤民）身分をつくった」という、部落の起源を幕藩体制の民衆支配に求める、「近世政治起源説」は正しいものではありません（→Q23）。

弾左衛門が育成した職人たちは、各地に散り、靴製造など日本の皮革産業をになっていった。

写真は、最後の弾左衛門（弾直樹《だんなおき》）の肖像である。

出典）『人権のあゆみ』

治安維持

幕府は、新将軍の就任を祝賀するため、膨大な費用を費やし、朝鮮通

近世社会での身分は、中世社会で社会的に形成された職能集団（身分）を編成し、制度化したものです。いかなる強大な権力といえども「不平・不満をそらす」という特定の目的のために、「身分をつくる」ということはできないことであり、ありえないことです。また、江戸期の民衆も「上をみて暮らすな、下をみて暮らせ」と教え込まれ、それに従うほど愚かな存在ではありませんでした。

江戸後期に服装などによる差別が強化されていくのも、被差別民を含めた民衆の成長によって、幕藩体制が動揺したからです。差別の強化はむしろ幕藩体制による民衆支配の弱さのあらわれでした。

そのため現在、かつてのように近世社会を「被差別部落の起源」の時期として把握するのではなく、中世社会を「被差別部落の起源」の時期として把握し、近世社会を「被差別部落の成立」、あるいは「被差別部落の確立」の時期として把握し、表現する研究者が大部分です。

これは、歴史学研究において中世分野の研究が進展した結果、現代の被差別部落の大多数の直接的なつながりが近世社会にあることを前提としつつも、中世被差別民と近世被差別民、とくに中世の「えた」と近世の「えた」身分の人々との系譜的な連続性を否定することができなくなっていることを受けたものです。

信使を丁重に迎えもてなした。京都市中では、部落の人々が通信使の行列前に沿道を清掃し、警備についた。武士階級にとって、このように、治安維持など部落の人々の果たす仕事はなくてはならないものであった。狩野益信『朝鮮国使節歓待図屏風』。

出典）『江戸時代の被差別民衆』

身分は社会的分業のなかで形成され成立してきたもの

生産力の低い前近代の社会では、人々はそれぞれ職能集団をつくり、集団で特定の仕事を独占するかたちで生活していました。これは日本ばかりでなくヨーロッパなどの地域でも同じでした。

日本の近世の被差別身分の成立については、中世社会で形成された職能集団が、生産力の進展とともにおこなわれた社会的な分業のなかで、それぞれの職能にともなう権利を求め、職能集団としての排他的な権利を強めたことに起因するものです。それは中世社会での惣村の形成にともなう百姓身分、都市の形成にともなう町人身分の成立と同様に進められてきたものとみるべきです。

つまり、百姓、町人、「えた」といった身分は、権力がつくりだしたものではなく、社会的分業のなかでそれぞれ形成され、成立してきたものと考えるべきものです。そして、百姓身分・町人身分・「えた」身分の成立という、このような民衆の動きを支配領主の側が追認しつつ、支配のための組織に転化させ、制度化していったのが近世社会である、という把握をすることができるかと思います。

むろん、近世の幕藩権力が支配のための組織に転化させ、制度化したことによ

罪人の引き回し

「えた」「ひにん」身分の者には、処刑される罪人を磔《はりつけ》の前に、見せしめとして引き回す役目が強制された。幕藩体制が動揺し、百姓一揆がおこると、その指導者も、このような引き回しのすえ、処刑された。『刑罰大秘録』。

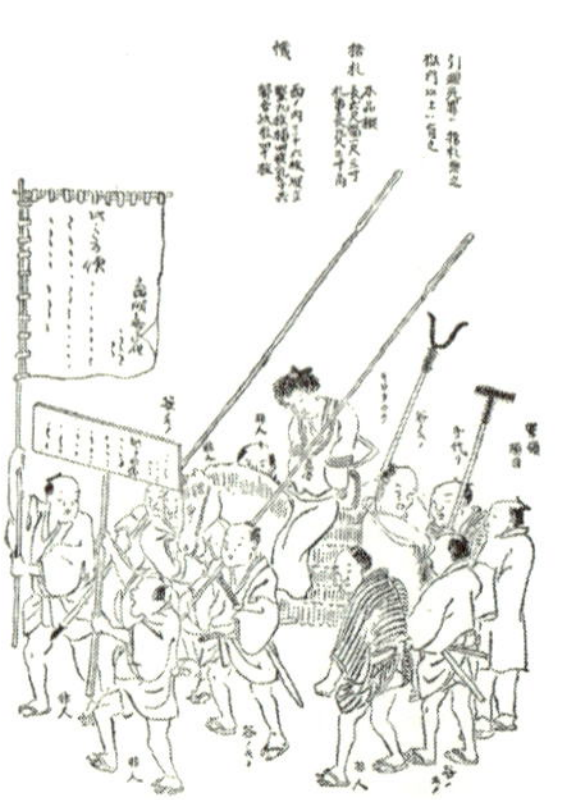

出典）野間宏・沖浦和光『日本の聖と賤　近代編』（人文書院）

り、被差別部落への差別を固定化し、それが近世社会の支配と被支配という大きな枠組みを維持する役割を結果的に果たしたことは、なんら否定することのできない事実です。

「結果として」という限定が必要

幕藩体制のなかでは、社会体制を維持するために、その規範《きはん》を破った者を「ひにん」身分や「えた」身分に貶《おと》すこともおこなわれています。とくに「ひにん」身分の者に貶した例は各地で散見されます。長崎奉行所《ぶぎょうしょ》の支配下では一七〇八（宝永五）年から一七五五（宝暦五）年までの四八年間に四五件の事例が記録されています。また、「えた」身分に貶した例も各地にあります。

今治藩《いまばり》（現愛媛県）では、一六九四（元禄七）年に、町人の娘が「えた」身分の者と「密通」したという罪名で、娘とその父親、仲をとりもった者、あわせて三名が鼻切りの刑を加えられたうえ、「えた」身分に下げ渡されています。

京都でも、一七四〇（元文五）年に、「えた」身分の者が遊女を妻にしたことが問われ、両者は三条大橋で「三日さらし」の刑を受けたのち、「えた」身分の者が山城と大津への立ち入りを禁止され、女性はその男性の村に預けられ、「えた」身分にされています。

このほか、高鍋藩《たかなべ》（現宮崎県）では、年貢米を買い受けたままで代銭を支払わなかった武士が一八二五（文政八）年にその知行を召し上げられたうえ、「えた」身分に下げ渡されています。年貢上納に反対し徒党を組んだ百姓も、そのことを理由に処罰を受け、一八二七（文政一〇）年に「えた」身分にされています。

確かにこのような例もあります。しかし、このように「えた」身分に貶した例は数がすくなく、それも、被差別部落が確立した元禄期以降のことと言って差し支えないでしょう。「ひにん」身分に貶した例では、長崎奉行所の記録には、父親が身持ちの悪い息子を懲《こ》らしめるために、「ひにん」身分に貶した例や、両親の死亡後、身寄りもなく無宿《むしゅく》となっていた者が非人となることを願ったため、願いの通りにした例もあったのです（森永種夫『流人と非人―続長崎奉行の記録―』岩波新書参照）。

それゆえ、被差別身分の存在が、結果としてある場面では平人身分（百姓・町人）の不平・不満をそらす機能を果たした、ということがあり得たにしろ、それはあくまで「結果として」という限定をつけるべきで、武士が平人身分の不平・不満をそらすために、すなわち分裂支配の目的でつくったというのは、なんら根拠のない一面的な解釈（説）です。

Q15 近代の日本社会での社会的身分はどのようになっていたのですか？

江戸時代の身分制が消滅したのちも、「社会的な身分」は存在したと思うのですが、もはや社会的にも身分は存在しなかったのですか？

明治新政府は、国内の支配体制を整備し、欧米《おうべい》諸国をモデルにした中央集権的な近代国家をつくるという課題とともに、資本主義を急速に育成しなければならない、という課題をもった政府でした。

こうした近代化政策のなかで、制度としての身分は天皇および皇族を別にすると、華族《かぞく》身分をのぞき、消滅しました。しかし、制度化されていないが、社会的な慣習として存在した身分、すなわち社会的身分までも消滅したかのように受け取ることは正しくありません。近代の日本社会には、華族という制度的な身分とともに、江戸時代の身分を継承《けいしょう》した形で士族・平民・新平民という序列化された社会的身分があったと見るべきです。

華族は、もともと「明治維新《いしん》」のさい、公卿《くぎょう》とともに、それまでの諸大名に与えられた身分でしたが、一八八四（明治一七）年の「華族令」の制定により、明治維新のさいにとくに勲功《くんこう》のあった人々も加えて「公爵《こうしゃく》・侯爵《こうしゃく》・伯爵《はくしゃく》・子爵《ししゃく》・男爵《だんしゃく》」の五爵位《しゃくい》が与えられ、爵位を世襲《せしゅう》する制度的な身分として成立しました。華族は、世襲財産の設定、貴族《きぞく》院議員に任命される特権を有したほかに、子弟の学習院入学などのさまざまな特権を、社会的にも得ていました。

その後、華族には国家を運営するうえで功績《こうせき》のあった大臣、官僚《かんりょう》、学者、実業家なども加えられました。彼らは近代天皇制をささえる身分であり、「神聖不可侵《しんせいふかしん》」という天皇および皇室を守護するうえで欠かせない人々として扱われました。またそのような役割をもつ身分として、社会的にもみなされました。

戸籍のなかに生きていた士族身分、平民身分

これに対し、江戸時代の武士身分の大部分は士族身分となり、その他の平人（百姓・町人）身分の人々は平民身分となりました。士族身分の人々は、一八七三（明治六）年の徴兵令、一八七六（明治九）年の廃刀令《はいとう》などにより、その特権のほとんどを失いました。しかし、明治期は士族が主導した社会であり、士族であるということは人々の意識のうえで重みをもっていました。

それゆえ、一八九七（明治三〇）年には、近代天皇制国家の地方支配の強化に結びつけるために、平民身分であった地主などの一部を士族身分に編入する政策をおこなっています。

大正期になるとようやく士族意識は徐々に薄れていきましたが、それでも士族であるか平民であるかということは、社会的には残されていました。とくにそれは戸籍をみると明らかでした。戸籍には士族、平民という別が明記されており、就職・進学などで戸籍謄本《とうほん》が必要な場合には、いやおうなしに士族か、平民かという身分を意識せざるを得ませんでした。学校の卒業証書にも名前の前に士族か平民かという身分が記載されていました。

戸籍でのこのような士族、平民という身分登記の制度は、一九一四（大正三）年の戸籍法の改定により廃止されますが、戸籍上での士族の称号はその後も存続しました。これが廃止され戸籍上から消えるのは、一九四七（昭和二二）年の日本国憲法の施行まで待たなければなりませんでした（↓Q11）。

制度上の被差別身分の消滅

一方、江戸時代に被差別身分であった部落の人々は、どのような扱いを受けた

卒業証書での身分記載

一九二二（大正一一）年に衆議院議長となった粕谷（橋本姓から改姓）義三の埼玉県師範学校の卒業証明書（一部焼失）。名前の前に「平民」と記されている。

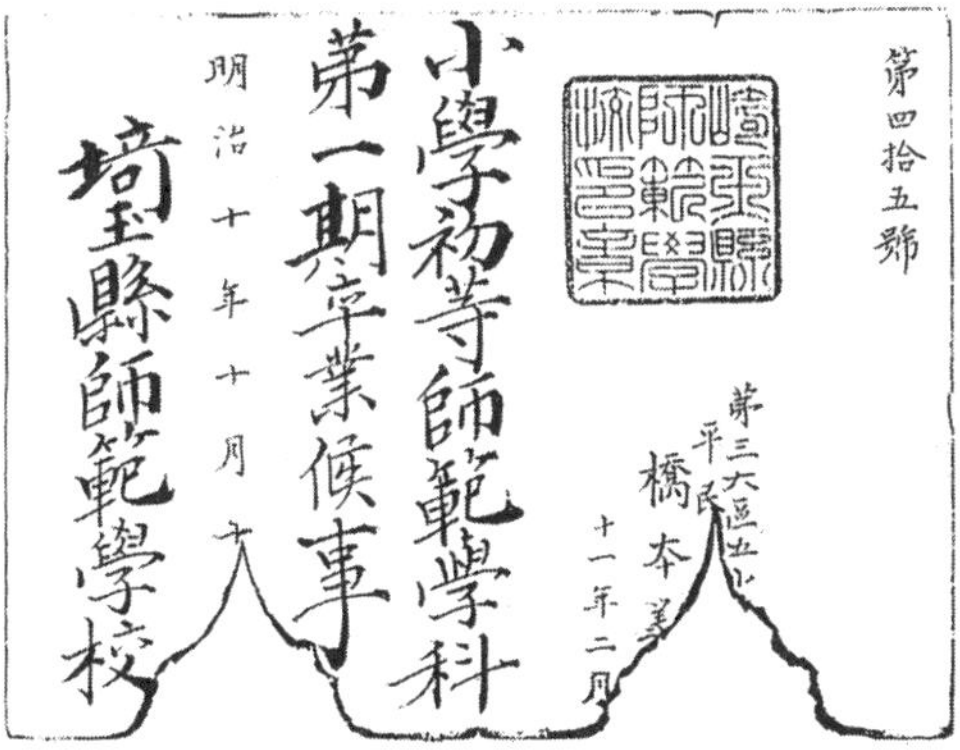

出典）『入間市史　近代史料編Ⅰ』入間市博物館蔵（橋本家文書）

のでしょうか。

明治新政府が成立するとともに、一八七一（明治四）年三月、「斃牛馬勝手処理令《へいぎゅうばかってしょりれい》」がだされます。これは、牛馬・獣類の持ち主がそれらを自由に処分することを認めるものでした。続いて明治新政府は、同年八月、「穢多・非人等の称を廃され候条、自今、身分・職業とも平民同様たるべきこと」という布告をだしました。

この布告は、それまで呼びならわしてきた「『えた・ひにん』などという呼び方をやめて、これからはそれらの人々の身分も職業も平民と同様にする」という内容であり、賤民廃止令《せんみんはいしれい》（従来「解放令」と呼ばれてきたが、内容の正確な意味から賤民廃止令という）と呼ばれるものです。なお、布告で「穢多・非人等」と記してあるように、江戸期には「えた・ひにん」身分の人々ばかりでなく、さまざまな名称で呼ばれる被差別民（「雑賤民」）がいましたが、こうした人々も平民と同様の扱いを受けることになったのです。

この布告により、「えた・ひにん」などの呼称ばかりでなく、「制度としての被差別身分」は消滅し、身分差別が制度化されていた時代は終わりを告げました。そうした意味では、この賤民廃止令は日本の「前近代社会」と「近代社会」をわかつ、画期的《かっきてき》な法令でした。人々はこれ以後、「人と人との平等」という近代的な原理の

明治初期の「雑賤民」

江戸期には各藩・各地域で、「えた」「ひにん」のほかに、「番太」「鉢供養」「猿曳《さるひき》」「茶筅《ちゃせん》」「舞々《まいまい》」「筰《ささら》」といった多様な名称で呼ばれる被差別民がいた（→Q12）。

一八六八（明治元）年の記録では、「えた」身分の人々が約二八万人、「ひにん」身分の人々が約二万人、「雑賤民」と総称される人々が約八万人であった。「雑賤民」は、近世被差別民の特殊かつ少数的存在でなかったことに、留意する必要がある。

松方デフレ政策

一八八〇年代に実施された大蔵卿《きょう》（のちの大蔵大臣に相当）松方正義《まつかたまさよし》によるデフレーション政策をいう。一八七七（明治一〇）年に西郷隆盛らにより起こされた西南戦争時の不

なかで、生きることになりました。

部落の人々の困窮化

賤民廃止令により、それまで差別を受けてきた部落の人々は、職業選択の自由、居住の自由を得ることになり、大きな喜びをもってこれを迎えました。以後、この賤民廃止令を武器に平等を求めていくことになりました。

しかし同時に、これらの人々は前近代社会でもっていた「家職」の特権を失いました。伝統的な仕事である皮革の専売権《せんばいけん》ばかりでなく、新しい警察制度の導入とともに、それまで部落の人々がおこなってきた下級警察の業務（「捕吏《ほり》」）の仕事も失ったのです。

とくに一八八一（明治一四）年から開始された「松方《まつかた》デフレ政策」以後、部落の人々の多くは生活条件が江戸時代よりも悪化することになり、「貧困による差別」がつけ加えられるようになりました。この政策により、多くの農民が耕地を失うなかで、もともと生活基盤の弱かった部落の人々の農地も、失われたためです。

また、皮革業といった伝統的な部落産業も経営基盤が弱く、産業資本家が皮革業に進出すると、「資本主義の暴風」のなかで、その経営がしだいにいきづまるよ

換紙幣乱発などにより、赤字が増大し、国家財政は危機的状況にあった。このため、大蔵卿に就任した松方正義は、不換紙幣の整理、発券銀行としての日本銀行の設立、増税のための国税・地方税・間接税の引き上げ、輸出増進と輸入抑制、銀本位制の採用、政府の設立した模範工場などの民間への払い下げなどを次々に実施し、極端なデフレーション政策をとった。

松方正義のねらいは、民間に蓄積されている資本を吸い上げることで国家財政を打開することにあったが、吸い上げた民間資本を軍備拡張にも利用しようとするものであった。この政策は一八八三（明治一六）年以降本格化し、全国的に景気が冷え込み、民衆の生活苦を深刻化させた。

うになりました。明治初期に西洋式の皮革鞣《なめ》し技術が導入され、近代的な工場でのクロム鞣しによる大量生産が、明治中期から軌道《きどう》にのるようになっていきます。すると、従来からの皮革産業は零細《れいさい》な下請けや皮革職人としてしか命脈《めいみゃく》を保ち得なくなりました。その結果、江戸期には農業をしながら皮革業・雑業などをおこない、周辺の百姓身分の村にくらべ、より安定した経済力をもっていた部落もありましたが、それらの部落も、この時期になると、経済的な困窮《こんきゅう》が進みました。

社会的な被差別身分へ

こうした動きのなかで、部落の人々が従来の仕事にかえて新しい仕事につこうとしても、これまでの血筋・家筋を理由に社会的な排除の対象となりました。部落の老人が一様に「働くことを苦にしてきたことはないが、働き口がないことに苦労してきた」というのは、このような「社会的な排除」を受けたためでした。

部落の人々は、部落外の人々の住居を訪ねても、敷居《しきい》をまたぐことは許されないのが一般的でした。雇用《こよう》され、食事が提供された場合でも、食器が別にされ、土間などで食べるというならわしが、そのまま維持されました。売買時に銭を洗う習慣もそのまま残されることになりました。

作業場での西洋靴づくりの図

出典）『弾左衛門とその時代』

部落の人々は制度上は「平民」であっても、実生活では「新平民」と呼ばれ、社会的な被差別身分としての扱いを受けたのです。それは経済的な条件が豊かであっても同じでした。富裕な部落の人々も、制度上の被差別身分が消滅したとはいえ、社会的な被差別身分であることには変わりありませんでした。

Q16 壬申戸籍から本人のもとの身分が、ほんとうにわかったのですか？

近代の戸籍にも、もとの身分が記載されていたと聞きましたが、近代的な戸籍にそんなことが記載し続けられたとは信じがたいのですが。

「壬申戸籍《じんしんこせき》」という戸籍名称を聞いたことがありますか。これは近代最初の戸籍の名称です。

明治新政府は、一八七二年（明治五）年からは戸籍作成のための全国的調査を実施し、翌一八七三（明治六）年三月に戸籍をつくりました。これが「壬申戸籍」と言われる戸籍です。この戸籍は各人を住居地で調査・記録し編成したもので、明治五年の干支《えと》が壬申であることから、このように呼ばれています。

これまでは、この戸籍を見ると、部落の人々には、「旧穢多」「新平民」などと記されたものもあり、その戸籍から本人のもとの身分が明らかになっていた、と言われてきました。その結果、多くの概説書などで、次のように記述されてきました（秋定嘉和他『改訂版人権の歴史—同和教育指導の手引き—』山川出版社）。

壬申戸籍

写真は、播磨国（現兵庫県）のある村の壬申戸籍である。この戸籍では居住地ごとに家族を登録し、「農」などその職業を記載したことがわかる。

従来の宗門人別帳を廃止し、華・士・平民の身分を問わず「四民平等」の立場で、属地主義によって作成された。戸主を筆頭とし、家族を直系尊属、戸主の配偶者・直系卑属、傍系卑属、傍系親の順に記載した。これによって、徴税・納税・教育などの近代化の行政が大いに進んだ。しかし、この戸籍には士族・平民といった族籍とともに「新平民」「元穢多」「職業名」などを記した場合もあった。この《（ママ）》語は当時の文明開化の新聞・雑誌などにも用いられ、その後も長く身分用語として存続した。戦後の民主主義運動の高揚に伴なって問題となり、ことに部落解放運動によって激しく糾弾され、法務省から地方行政への非公開が通達された。

この問題を扱った朝日新聞一九六八（昭和四三）年一月四日付け記事では、「大正末から昭和のはじめにかけて歴代内閣はたびたび『差別的記載を排除せよ』と命令、昭和七年九月には司法次官通達で『旧戸籍は裁判所に引き継いで保管せよ』と指示したが、いずれも市町村までは徹底せず、むしろこれに反抗する市町村長もあって通達倒れの状態をくり返してきた」と記し、身分・犯罪歴・宗教を明記した壬申戸

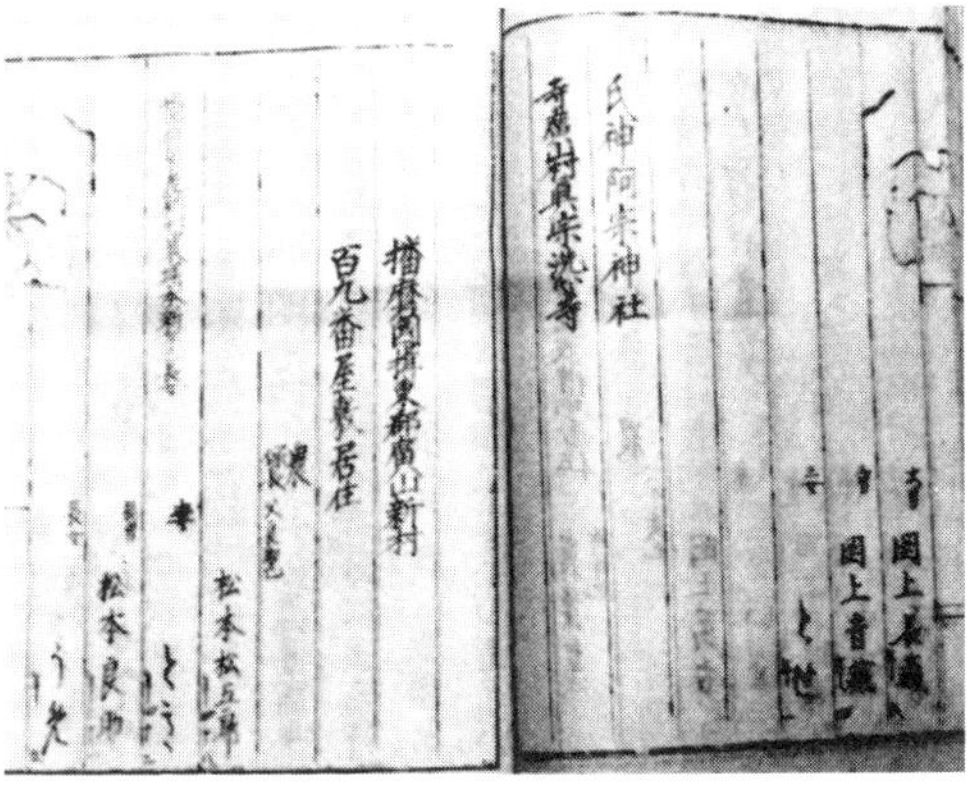

出典）『部落史用語辞典』

籍が司法省の指示にもかかわらず、市町村長の反抗により「差別の戸籍」として残されてきた、と告発しています。そして、閲覧《えつらん》を自由に認めている壬申戸籍のなかには、「未解放部落に対する差別的呼称がはっきり書かれているものもかなりある」と記しています。

この記事は、人権を守るという観点で、戸籍の閲覧《えつらん》制限への道を開いた画期的な告発記事でした。

「旧穢多」「新平民」は果たして、本人につけられたのか

しかし、その後の研究では、壬申戸籍において、本人の族称として「旧穢多」「新平民」と書いたものはまずないのではないか、また、これまでに知られている差別記載の例は、本人につけられたものではなく、本人の父母が死亡していた場合に限って、その父母につけられたものではないか、という説が提起されています（渡辺広『未解放部落の形成と展開』吉川弘文館、鈴木良『改訂増補版　教科書のなかの部落問題』部落問題研究所参照）。

この説では、本人に対して差別記載がなされた地方があったとしても、それは「賤民廃止令」を曲解《きょかい》した地方で、きわめて「稀《まれ》な例」と考えられています。その

生きていた"差別の戸籍"

西日本で自由に閲覧

身元調べの資料に利用

【大阪】身分や犯罪歴、宗教を明記した"壬申（じんしん）戸籍"が"明治百年"の今年になっても、まだ市町村役場で公然と生きている。この戸籍は、いまだに結婚や就職の身元調べの資料として自由に閲覧され、そのために人権が踏みにじられていることもしばしば。この戸籍の中には、未解放部落に対する差別的な呼名が、はっきり書かれているものもかなりある。最近になって、これを知った法務省は「差別的表現がはいっている戸籍はすぐに回収せよ」と関係各法務局へ指示したが、前例からみて市町村にまで徹底しない心配もあり、部落解放同盟（朝田善之助委員長）では全国的に廃棄回収させる運動をくりひろげることにしている。

徹底しなかった回収

わが国で戸籍制度が採用されたのは、明治維新直後の明治五年。この時に壬申戸籍ができたが、その後、新憲法が制定された後の昭和二十三年まで戸籍制度は四回も全面的に改正され、そのたびに戸籍簿も全部書きかえられてきた。この間に「穢多(えた)」「非人」などの差別的記載は削除され、さらに昭和二十三年以降は「士族」「平民」の別や犯罪歴も戸籍簿から削られた。

ところが、和歌山、奈良、京都、岡山、広島など西日本各府県の市町村ではいまだに壬申戸籍をだれでも閲覧できるようになっていたことが、部落解放同盟などの調べで最近になってわかった。

大正末から昭和のはじめにかけ歴代内閣はたびたび「差別的記載は削除せよ」と命令、昭和七年九月には司法次官通達で「旧戸籍は裁判所に引継いで保管せよ」と指示したが、いずれも市町村まで徹底せず、むしろこれに反抗する市町村長もあって通達倒れの状態をくり返してきた。戦後はこのような通達は去年十二月まで出されたことがないが、こんどの回収指示も末端まで徹底しないことも予想される。

全県下で自由に閲覧を認めていた和歌山県下では、大阪市内の商事会社へ就職が内定したある高校生(一八)が突然採用を取消された。会社から来た男が「宗教調べをしたい」と役場を訪れ、壬申戸籍を見て帰った半月後のことだ。このほか、まとまりかけた結婚話が、この戸籍を相手方が見たため破談になったという例が多い。

同県下の田辺市内では、興信所員がこの戸籍を閲覧にきたが、窓口の市職員が未解放部落出身者の身元調べであることを見抜いて拒否し、同市人権擁護連盟が大阪の興信所へ直接強く抗議した例があった。

このように興信所などが未解放部落出身者であるかどうかを調べる手がかりに壬申戸籍をねらう傾向が強まっており、"自衛"に限界がきたとして、田辺市はこのほど和歌山地方法務局を通じて法務大臣あてに「壬申戸籍を全部廃棄したい」という申請を出した。

奈良県下でも同じような傾向が強かったが、昨年十一月になって奈良地方法務局が持田逝一法務局長の職権で、同県下にある壬申戸籍の閲覧を全面的に禁止した。明らかに人権を侵害する、と判断したためである。

高知県下では高知地方法務局が三年程前から市町村に対し「壬申戸籍は人権問題がからむので廃棄の認可申請を出すように…」と指導を続けたためかなりの市町村では、すでに廃棄されたという。

このほか、法務省令で戸籍の原本はつくりかえてから八十年間は保存しなければならないときめられ、さらに戸籍法に「だれでも手数料を払えば戸籍簿を見ることができる」（第十条）とあるため、壬申戸籍を残し、興信所などに見せているところは、全国各地でかなり多い、と見られている。

直ちに回収を指示

法務省民事局民事第二課家弓吉己課長の話　大阪法務局へ先月中旬に照会して、はじめてその事実を知り驚いている。常識からいっても、閲覧させるべきものではなく、直ちに関係法務局へ回収を指示した。壬申戸籍は、明治十九年の戸籍法の改正で書きかえられており、すでに廃棄されたものもある。しかし、廃棄処分にするには、市町村長から各地の法務局長に認可申請が出されて、はじめて決められる建前なので、廃棄するかどうかは、あくまで市町村長の意思によらねばならない。

政府の発言はウソ

部落解放同盟委員長朝田善之助氏の話　具体的に穢多、非人と書かれていなくとも、壬申戸籍は、見る人によっては部落出身者であるかどうかすぐわかるようにつくられている。行政の中に差別はないとする政府の発言は、ウソであることがはっきり証明されたわけだ。

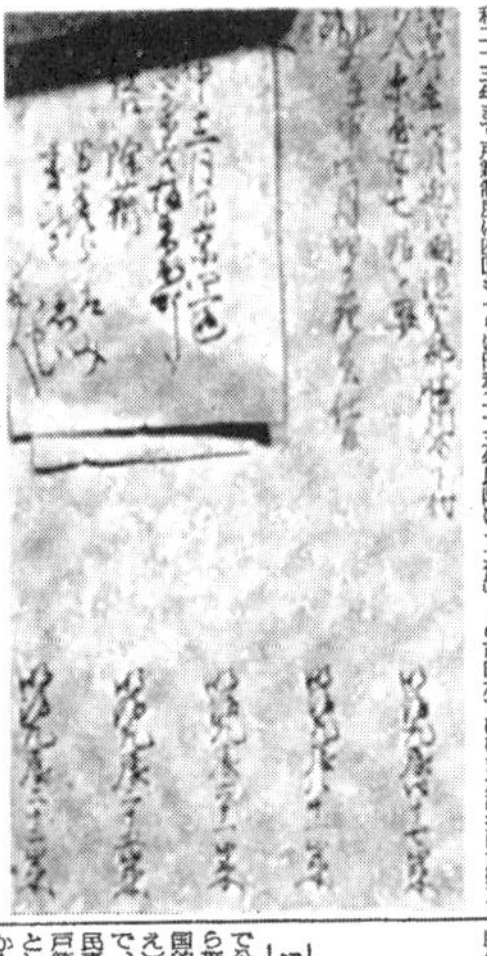

これが壬申戸籍　宗教、財産、身分まで書きこまれ、なかには未解放部落の人たちに対する賤称（せんしょう）名がはっきり記入されているものもある

家族の身分や宗教など記入

解説　壬申戸籍は明治四年四月、太政官布告で公布され、明治五年二月一日から施行されたわが国で最初の全国的戸籍。明治五年が壬（みずのえ）申（さる）の年にあたったので、壬申戸籍と呼ばれた。法務省民事局の調べによると、このとき戸籍に入れる対象は「臣民一般」とし、その身分が士族、祠官（しかん）僧侶（そうりょ）平民と分け、未解放部落の人たちは除外されていた。

ところが明治四年八月二十八日に、いわゆる「部落解放令」が出たので、壬申戸籍には差別的呼び名は記入されない建前となった。

しかし、実際には差別的賤称（せんしょう）名を記入したものがかなりあった。

和紙に筆で、その家族の身分、宗教などがわかるように書かれてあり、記入欄がなくなると、紙切れに書いて張りつけたものも多い。差別的呼名が記入されていないものでも、士農工商の身分や宗教、財産、犯罪歴などが書かれており、本人以外の人に知られると人権侵害となる要素が多い。

「壬申戸籍問題」についての新聞記事
（1968年1月4日　朝日新聞）

うえ、一九二四（大正一三）年には、司法省民事局が指令をだし、戸籍における賤称の記載は明白な誤りであるとし、謄本《とうほん》に記載しないことと戸籍原簿の記載を抹消《まつしよう》すべきことを命じています。さらに、一九三二（昭和七）年には、賤称を抹消した痕跡《こんせき》をとどめる戸籍は作りなおすことと、原簿を監区裁判所で引き継ぎ、保管することを命じています。

壬申戸籍はこのような取り扱いを受けてきたのですが、一九七六（昭和五一）年までは、この壬申戸籍は公開が制限されていませんでした。そのため、それまでは、これを見ると、本籍地を移動していても、この戸籍にさかのぼり血族の「旧穢多」「新平民」といった記載から、部落出身者かどうかを調べることができたとされ、概説書などで前述のように記述されてきました。

しかし、壬申戸籍には、農業、工業、商業、雑業（日雇、土方、漁業など）といった職業を記載することになっていたので、それらの別が記載されていたにしろ、一九二四（大正一三）年の司法省民事局の指令で賤称記載の戸籍原簿を抹消したうえ、一九三二（昭和七）年に全国で賤称を抹消した痕跡のある戸籍を作り直しています。これらの経緯からすると、戦後、この壬申戸籍を閲覧することで、血族の本籍地をさかのぼって調べ、地名などから部落民かどうかを調査する手がかりにすることは可能であっても、「旧穢多」「新平民」といった壬申戸籍における記載から部落民であることが明らかにわかった、ということについては疑問です。

求められる壬申戸籍研究

前掲の新聞記事のなかで朝田善之助部落解放同盟委員長（当時）も「具体的に穢多、非人と書かれていなくても、壬申戸籍は見る人によっては部落出身者であるかどうかすぐわかるようにつくられている」というコメントをしています。

このコメントからすると、壬申戸籍には「穢多」「非人」、あるいは「旧穢多」「新平民」などの賤称は具体的には記されていない、というのが一般的であった、と見るべきではないでしょうか。すなわち、前掲の新聞記事のような認識＝「未解放部落に対する差別的呼称がはっきり書かれているものもかなりある」とまでは言えないのではないでしょうか。それゆえに、「壬申戸籍は見る人によっては部落出身者であるかどうかすぐわかるようにつくられている」（傍点は筆者）という曖昧《あいまい》なコメントにならざるを得なかった、と考えるべきでしょう。

戸籍・住民基本台帳の閲覧が就職・結婚などでの身元調べに利用され、差別を助長する役割を果たしてきたことを考えると、人権を守るために戸籍の閲覧制限は、早急におこなわなければならないことでした。興信所などの第三者が、勝手に身元調べなどのために閲覧し続けてきたことを思えば、その閲覧の制限は当然であり継続する必要があるでしょう。しかしその問題と、戦後にいたるも、壬申戸籍に「旧穢多」「新平民」と記載されていたかどうか、ということについては別次元の問題です。

現在、公開が制限されている壬申戸籍は、研究者と言えども閲覧は一切できません。そのため、人権に配慮したうえで、学術研究団体が学術史料のみとして特別な閲覧許可を求め分析することや、地域に残る壬申戸籍記載用の草稿などを集め分析するなどの方法をもとにした、今後の研究の進展を待つしかない状況です。それゆえ、戦後にいたっても、壬申戸籍の記載によって「旧穢多」「新平民」ということまでわかったのかどうかについては、留保しておきたいと思います。

血縁・地縁と密接に結びついた社会のなかで

戦前の社会においては、壬申戸籍で旧身分がわかったかどうか以前に、人々の関係は血縁・地縁と密接に結びついていました。それゆえ、その人の身分が何であったか、村での家格《かかく》はどの程度か、姻戚《いんせき》関係はどうなっているかなどは、本人のまわりにいる人々に聞くだけで簡単にわかったのです。

また、戦前の人々は、「人と人との関係」という観点からみると、相手の家柄・家格・もとの身分、地位・財産をまず知ってから、自分がその人にどのように接し、どのような態度でふるまうべきかを決めがちでした。それは、人間関係に波風を立てず、社会生活を送るうえでの「知恵」でした。

こうした人間関係のなかで、部落の人々は苦しまなければなりませんでした。経済的にはどんなに富裕であろうとも、学業が優秀であろうとも、その人が部落民である、ということを知ったとたんに、相手がその人のもとの身分にみあった関係になろうとして、接し方や態度を変える方向に動こうとするからです。そうしたなかでは、部落の人々の大部分は、出身地やもとの身分を「かくす」という方向にならざるを得なかったのです。


『プロブレムQ&A　部落差別はなくなったか？［隠すのか顕すのか］』塩見鮮一郎著（緑風出版）

Q 17 近代社会のなかで部落問題はどのようにして成立していったのですか？

明治になっても人口の大部分は農村に住んでいたはずです。近代の農村で差別が解消しなかったのはなぜですか？　何か政策的なものがあったのですか？

欧米諸国をモデルにした近代化の過程で新政府は、四民平等・賤民制度の廃止のほかに、学制、地租《ちそ》改正、徴兵《ちょうへい》制などの近代的な諸改革を次々に実施していきます。しかし、それらの諸改革は農民の負担軽減《ふたんけいげん》を求める動きや、それまでの村落の慣行《かんこう》を重視する農民の動きと、衝突《しょうとつ》することになりました。

とくに、一八七三（明治六）年の地租改正は、政府財政の確立というねらいからおこなわれたものです。そのため、原則的には生産物である米をそのまま税として納めさせる年貢などを廃止し、生産物を売り、そのお金をあらかじめ定められている税率（地価《ちか》の三％）で納めさせることに、変更しました。

しかし、これは江戸時代と同様の税負担を農民に強制することを、あらかじめ念頭《ねんとう》においているものでした。それに加え、それまでの宅地・山林といった無税地

在地慣行（本村と枝村）

幕藩体制下で、幕府・各藩は次のような支配の仕組みをとった。本村と枝村との関係は、支配と従属の関係にあり、村全体を代表するのはあくまでも百姓身分の村方三役（名主・組頭・百姓代）であった。年貢や文書によるさまざま届け出も「えた」村に「えた」身分の村方三役がいた場合でも、百姓身分の村方三役を通して、納入・届けることになっ

にも課税することになりました。政府にとって、資本主義の育成と発展のためには、その基本的財源を人口の大部分を占める農民からの収奪に求めざるを得ない、という実態があったからです。

温存された在地慣行と寄生地主の増加

それゆえ、この地租改正は、幕藩体制下で年貢半減を求め続けてきた耕作農民の、新政府への期待を裏切るものでした。農民には「改正」ではなく「改悪」としかとりようのないもので、新政府に対する農民の支持は得られないものでした。

このことは国内の支配体制を整備していくうえでも、重大な障害となるものでした。そのため新政府は、農民の動きを弾圧《だんあつ》し収奪《しゅうだつ》を強行していくためにも、中世以来つちかわれてきた「百姓の村」の在地慣行《ざいちかんこう》を温存《おんぞん》し、それを支配に利用しようとする政策をとるようになりました。

その結果、近世の「えた」村は、独立村はまれであり、枝村として百姓身分の村（本村）に従属し支配される形態が多かったのですが、近代になってもそのような支配慣行は消滅せずに残されることになったのです。

こうした政策は一八八九（明治二二）年の大日本帝国憲法の制定前から強化されていた。このようになっていたのは、近世の「えた」村の大部分は、用水権・入会権をもつ独立村になることができず、枝村として、用水権・入会権を有する本村に従属し依存するかたちとなっていたからであった。

図では村々の「えた」身分の村民を「長吏百姓」としておく。

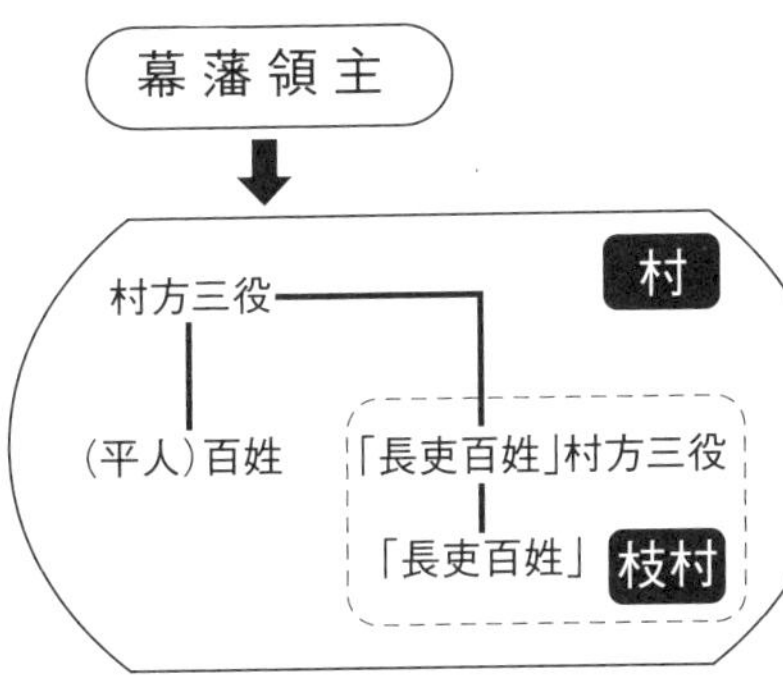

ていましたが、農村では一八八〇年代に実施された「松方デフレ政策」（→Q15）以降、寄生地主《きせいじぬし》が増加するようになりました。寄生地主とは、みずからは農業経営をおこなわず耕地を小作人に貸し付け、高率の小作料を徴収する地主のことを言います。小作料のほとんどは当時、米麦などの生産物であり、地主はそれを換金《かんきん》するさい、物価変動を利用することで大きな利益を得ることができました。

寄生地主の増加は、耕地を保有し農業を営む自作農の犠牲《ぎせい》のうえに成立したものです。そのことは自作地と小作地の割合の変化にあらわれています。その割合は、一八七三（明治六）年の推定では自作地七二・六％、小作地二七・四％であったのですが、一九〇二（明治三五）年にはそれぞれ、五五・一％、四四・九％となりました。小作地のこのような増加は、自作農の耕地が地主へと集積されるようになったことを示すものであり、自作農の小作農化を示すものです。

寄生地主制の確立

この過程で、一八九七（明治三〇）年には地価評価額一万円以上の地主が、全国で五〇〇〇人以上に及ぶようになりました。これらの地主は東北・北陸地方などの米作地帯の場合、平均五〇〇ヘクタールの水田を保有するほど規模の大きい寄生地

自作地と小作地の割合（%）の変化

	1873年	1887年	1892年	1902年
自作地	72.6	60.5	59.8	55.1
小作地	27.4	39.5	40.2	44.9

寄生地主の米蔵

新潟県・蒲原《かんばら》平野の寄生地主であった伊藤家の米蔵である。伊藤家は、幕末には一〇〇ヘクタールほどの地主であったが、明治期、土地を担保

主でした。

　こうした地主は中小を問わず、小作人から収穫物の五割以上を小作料としてとり、その小作料を資本として地方の工業・銀行などに投資しました。その一方、地方議会の主要な勢力となりました。

　こうして一九〇〇（明治三三）年前後には、地主制と資本制が結びついた寄生地主制が確立することになりました。この寄生地主制こそが、敗戦後の農地改革により解体されるまで、近代日本の政治的・経済的な基盤となったものです。

　農村での少数の寄生地主と多数の小作人という関係は、近代日本を貫く大きな社会問題の一つでした。小作料を支払うことすらできない農民が、生活苦のため、娘を「身売り」せざるを得ないなど、さまざまな悲劇を生み出す原因となりました。

近代の村と部落差別

　寄生地主制の確立とともに、寄生地主に奉仕する形で近代の農村の秩序《ちつじょ》が形成されることになりました。江戸時代から日本の農村は、本家、分家といった家格・家筋を重んじ、家と家を単位としたつながりを基本にした共同体でした。それゆえ、近代の農村も寄生地主のもとにその伝統的な秩序にしたがって、編成されることに

とする金融により田畑を集積し、大正期には一一〇〇ヘクタールを保有し、販売小作米が二万俵を越えるほどの巨大地主となった。現在、伊藤家の本邸は北方文化博物館（新潟市）として保存・公開されている。

出典）臼井勝美編『図説日本の歴史16』（集英社）

なったのです。

これはまた、部落外の村と被差別部落との伝統的な支配・従属関係も、寄生地主制のもとで温存されることを意味しました。被差別部落は、家と家を単位とした村の固いつながりから排除されたままであり、むしろ、地主層は部落を排除することで村のつながりを強めていくという方法すらとりました。地主層は当時、名望家《めいぼうか》と呼ばれ、地域のボス的な存在の人々でした。

戦前の日本の農村は、近代市民社会に欠かせぬ「人と人との平等な関係」を育て、発展させることができないまま、近代天皇制国家の支柱の役割を果たすことに寄与しました。そのさい、重要な役割を果たすことになったのは、こうした名望家と呼ばれた人々でした。彼らもまた地域社会の「小さな天皇」として、家格・家筋を重視した村落の秩序維持のにない手となり、地方政治を主導することになりました。彼らを取り込んでいくことで、近代天皇制国家の支配は中央から地方へと、直線的に貫徹《かんてつ》することになったのです。

平等な参加を閉ざされた部落の人々

これらのことを地域社会から大まかにみた場合、被差別部落の全体（とくに旧

描かれた農民の暮らし

急激な近代化のなかで、農村では地主の支配がすすみ旧来の村落秩序も維持された。そのなかで、人々の生活は大きく変わり、農村では没落し小作人となっていく人々が増大した。そうした人々への関心の高まりとともに、絵画でも庶民の暮らしの様子が描かれていった。右の作品『収穫』（浅井忠、一八九〇年）もそのうち一つである。

「えた」身分の人々の住む部落）が、それぞれの村という地域社会において、祭礼、葬式ばかりでなく日常的な生活の全面にわたって、共同体的な慣行と交流から排除され、共同の行事、寄合《よりあい》などへの平等な参加を閉ざされたままおかれたということです。

それは同時に、部落の人々がどのような人格・経済力の持ち主であっても、また、系譜《けいふ》的には旧被差別身分との連続性を有しない人であっても、そこに住めば住んでいるというだけで、特殊視《とくしゅし》され蔑視《べっし》されることも意味しました。

とくに農業・雑業などを主にしていた旧「えた」身分の人々、そしてその居住区域に対する差別が根強く残されたのは、これらの人々に対し「ケガレ」を有する血筋・家筋ということに基づく「社会的な排除」が、それまでに強くあったことがあげられます（塩見鮮一郎『部落差別はなくなったか?』参照）。しかし、もう一つの大きな要因としては、旧「えた」身分の人々が農地を保有し、あるいは小作人となっていたことにより定着性が強く、貧困化が進んでいったことがあげられます。

収入も多く生活をささえた被差別部落の雑業は、あくまで農民としての生活を補うためのものであったのです。そのため、近代になっても、部落外の村と部落との伝統的な支配・従属関係はそれほど変化しないまま、松方デフレ政策以降、部落

は生活実態として貧困化しつつ、近代国家の地方支配のなかに組み込まれたのです。

これに対し、農村部での旧「ひにん」身分の人々の居住地が解体することになっていったのは、彼らがもともと農地を保有したり小作人となっていくような居住の形態ではなかったことや、その居住区域も小規模であったことがあげられます。そのため、旧「ひにん」身分の人々は、近代の農村での定着性が弱く、それまで「ひにん」としておこなってきた仕事すなわち、野番・山番・水番といった番人の仕事、死牛馬の解体処理、物貰いなどがなくなると、その仕事を離れ、さまざまな雑業を営むようになったり、都市に流入したりするなど流動性が高かった、と考えられます。

Q18 近代になって部落のことは、いつごろ問題視されたのですか？

近代社会で、「特殊部落」という用語が使用されたり、被差別部落のことが問題視されるようになったのはいつごろからですか？

現在、差別語として扱い、使用しない「特殊《とくしゅ》（特種《とくしゅ》）部落」という用語は、近代社会のなかで、特定の区域を特殊視し、蔑視する流れのなかで、一九〇五（明治三八）年前後には使用されるようになった用語と言われています。

現在までの研究では、「特殊（特種）部落」という用語の最も早い使用例は、一八九九（明治三二）年と一九〇二（明治三五）年の奈良県の行政文書での記載である、と考えられています（小島達雄「被差別部落の歴史的呼称をめぐって―『特種部落』および『特殊部落』の呼称の形成過程とその時期―」『日本の近代化と部落問題』領家穰編・明石書店参照）。

その後、奈良県においては、県知事が一九〇五（明治三八）年四月、県教育会に対して出した諮問《しもん》事項のなかにもその用語を記しています。県知事は、諮問四項目のうちの一つとして、「特種部落に於《お》ける生活の状態の改善を計《はか》るの方法」をあげています。

この諮問を受けた県教育会は、翌一九〇六（明治三六）年二月に、「特種部落改良」を報告しました。報告を受けた県当局は、同年九月「特種部落改善委員会」を設置し、「特種部落」と呼ぶようになった地域の環境改善などを進めようとしました。

小島達雄さんは前掲論文で、明治二〇年代末から三〇年代初頭にかけて、奈良県を中心に「新平民」「新平民部落」の呼称にかわる用語が模索《もさく》され、「特種部落」「特殊部落」呼称を使用するようになっていたのではないかと考えています。

以後、奈良県の呼称に準じた形で、新聞、内務省の調査などに使用され、この呼称が全国的に定着していったのではないかと考えられていますが、このことについては推測の域をでていません。

「特種部落」という用語の使用とともに、遅くともこの時期までには、近代日本の社会問題の一つとしての部落問題が形成され成立した、と捉えることができます。

町村の大合併と「部落」という用語

このことについて、近代天皇制と部落問題との関連を研究してきた鈴木良さんはその研究の結果、「近代天皇制の地域支配の成立と部落問題の成立とは、相互に不可分の関係にある」とみています。そして、部落問題の成立は明治期に江戸時代以来の町や村を合併し、新たな市町村を作り上げていく時期、すなわち一八八八（明治二一）年の市制・町村制実施のころであったと厳密《げんみつ》にとらえています（「総論部落問題の成立」「近代日本の社会史的分析—天皇制下の部落問題—』部落問題研究所発行参照）。それは次のような歴史的な背景を重視するからです。

政府は、ドイツ流の憲法理論をもとに大日本帝国憲法を一八八九（明治二二）年に制定しました。地方制度についてもドイツ帝国の地方制度を参考に、この前後から整備をすすめました。そして、一八八八（明治二一）年に町村の大合併《がっぺい》をおこなったうえで、市制・町村制を定め、さらに一八九〇（明治二三）年に府県制・郡制を定めました。

このさいの町村合併は、財政規模の小さい町村を合せて、経費のかかる学校建設や徴兵事務などさまざまな国家委任業務に対し、財政的に耐えうる町村をつくりあげる目的で、全国各地で強力に推進されました。その結果、一八八八（明治二一）年末現在、七万一三一四町村であったものが、翌年末には一万五八二〇となり、江戸時代以来の町村は合併されて約五分の一となりました。そして、江戸期以来の生

地方制度

町村制の実施により、規模の大きい新町村がつくられ、人口二万五〇〇〇人以上の町は市とされ、郡と対等の行政組織となった。

その一方、市町村会議員の選挙権を有する者は、直接国税二円以上の納入者に限られ、そのなかでも納税額により町村会は二級、市会は三級に区分された等級選挙が実施された。市長や町村長は、市会・町村会が選出する無給の名誉職であった。県・郡では官選の知事・郡長が大きな権限をもった。

こうして地方の資力ある有力者（名望家）を中心に、中央集権的な地方行政の基盤が固められ、政府命令を国民に徹底するための上意下達《じょういかたつ》機関としての役割を果たした。

活共同体である旧村は、新町村内において「部落」という用語で呼ばれるようになりました。

「特殊部落」呼称の定着と部落問題の成立

このうち、困窮化《こんきゅうか》が急速に進んでいた農村部における、旧被差別身分の居住地を中心とする「部落」（大部分は旧「えた」村）や、都市部で困窮者が流入し増大していた区域は、不就学・税金滞納《たいのう》の温床となっている地域として、行政当局が問題視し、しだいに「特殊（特種）」視するようになりました。

こうした貧困・不衛生・不就学・税金滞納などが問題視される「部落」・区域は、住民の出自《しゅつじ》・遺伝的体質にその原因があるとされ、場合によっては人種の違いが取り沙汰《ざた》されるようになりました。そして、「特殊（特種）部落」という呼称が定着し、その住民の先祖は異民族である、という誤った説も広まり、しだいに「特殊部落民」「えた族」といった用語も定着するようになっていったのです。

町村合併の推進のさいには、劣悪な環境と低い生活水準にあるがゆえに財政負担などで重荷になるとあらかじめ予想される、このような「部落」を含めた合併が障害となりました。

『破戒』

島崎藤村が『破戒《はかい》』を刊行したのは一九〇六（明治三九）年であった。この頃より、社会問題の一つとして部落問題がようやく意識されるようになった。『破戒』は、このような時代的背景のなかから生まれた作品である（塩見鮮一郎『部落差別はなくなったのか？』参照）。

前出の鈴木良さんは、こうした事態に対し、政府が旧「えた」村に対する地域社会での差別的な慣行をそのまま温存させる形で合併を推進していった、と把握しています。その結果、制度的には廃止された百姓身分の本村による、枝村である「えた」村への支配が、近代化の過程のなかでも寄生地主制を基盤にした新町村のなかで事実上存続した、とみています。

この把握については賛否両論があり通説とまではなっていないのですが、近代社会での部落問題は遅くとも「特殊部落」という用語が使用されるようになっていく一九〇〇（明治三三）年のころまでには形成され成立した、とおおまかに把握しておいても差し支えないかと思います。

近代天皇制国家と部落問題

それゆえ、被差別部落の形成自体は中世社会にあり、近世社会において体制的に成立した（制度化された）ものですが、部落問題として考える場合には、身分差別を前提にしないのが近代社会の通例であるにもかかわず、近代日本の社会問題の一つとして、特定の旧身分とその子孫、居住区域を社会的に排除《はいじょ》、あるいは疎外《そがい》、忌避《きひ》といった形態をとったことにより成立した、差別問題として把握しておく必要があります。そして、近代天皇制国家のもとで成立した固有の社会問題が今も完全に解決せずに差別が残存《ざんぞん》していることが、現代日本の克服《こくふく》すべき問題としてある、と見ることが大切です。

なお、明治以降の社会変動のなかで、農村などから脱落した貧民は、全国から生活手段を求め、商工業や交通の要地となった大都市へと流れ込むようになりました。彼らが都市の旧「ひにん」系の人々の居住区域やその周辺に住み着くことで、貧民の密集するスラム（貧民街）が形成されていくようになりました。

彼らの大多数は、人力車夫、荷車引き、日雇《ひやと》い土方《どかた》、紙屑拾《かみくずひろ》い、物貰い、烟管《きせる》すげかえ、行商、露天商、芸人など多種多様の雑業に従事し、やっと露命《ろめい》をつなぐという状態におかれました。

このような状態のスラムへの貧民の流入は止まらず、その人口も増加しました。彼らの増加によりスラムは拡大し、近代日本の社会問題の一つになりました。

近代天皇制国家において成立した社会問題には、寄生地主制のもとで高額な小作料により生計維持が困難であった小作人の問題、劣悪《れつあく》な条件で働くことを余儀なくされた労働者の問題、家制度のもとで人格を認められず「家」を維持する道具として扱われた女性の問題などもあります。これらの問題が成立したのは一九〇〇

スラムの残飯屋

日雇い稼ぎを中心とした住民は、兵舎・学校の寄宿舎などから集められた残飯を買い生活していた。

出典）松原岩五郎『最暗黒の東京』（岩波文庫）

（明治三三）年前後です。部落問題とともにスラムの問題が成立したのもこのころです。

また、一八九八（明治三一）年には、家族制度を重視する明治民法が施行されます。この民法では、社会を構成する単位は個人ではなく、戸主とその家族で構成される「家」と定められました。

このような民法を背景に、日本の近代社会に生きた人々は、農村での伝統的な支配・従属関係が維持されるなかで、「人と人との平等」という近代社会の原理を体得しないまま、近代化の道を歩むことになりました。また、部落問題についてみると近代天皇制国家では、ここで記したように、旧身分、特定の居住区域をもとにした差別を温存し、維持する形で、政策的にも進められていったとみることができます。

焼き払われた被差別部落

身分差別を前提とする前近代社会の被差別身分の人々への排除・忌避・疎外といった意識と行為は、世界史レベルで見ると、ヨーロッパ世界では平等を原理とする近代社会の発展のなかで消滅していったのです（『問い直す差別の歴史』参照）。しかし、日本の近代社会においては、そのような形では展開しなかったのです。

その結果、近世社会の被差別身分の人々は、近代化のなかで制度的な被差別身分ではなくなったとはいえ、社会的には被差別身分としておかれ、「社会的な排除」の対象となり続けたのです。

一九二二（大正一一）年、大分県別府の的ケ浜《まとがはま》では、警官隊が指揮し、被差別民の住居二二戸を焼き払うという事件がおきました。この的ケ浜地区は、「えた」身分の系譜を引く被差別部落ではなく、「山窩《さんか》」（籠《かご》作りなどを生業とし、非定着的で独自の生活形態と風俗を有していた山の民）を中心に貧民、ハンセン病患者なども住む地区でした。

当時、皇族である閑院宮載仁親王《かんいんのみやことひと》が「お召《め》し列車」から別府海岸の名勝《めいしょう》「弓掛《ゆみかけ》松《まつ》」を鑑賞する予定となっていたため、貧しい被差別部落が目に入るのは「畏《おそ》れ多い」として警官隊が焼き払ったのでした。

この事件は、こうした人々が近代天皇制国家のもとで、どのような扱いを受けざるを得なかったか、ということを端的《たんてき》に示している事件です。

別府的ケ浜事件

焼き払った警官隊は、「家を焼いたのではない、ワラを焼いたのだ」と強弁した。

出典）『写真記録全国水平社七〇年史』

Q 19 近代以降の民衆は、部落の人々をどのように見ていたのですか？

部落問題が今日まで解決されていないのは、明治以降の民衆に大きな責任があると思います。当時の人々は部落の人々をどのように見ていたのですか？

近代の農村で伝統的な従属・支配関係によって、封建的な身分差別をもとにした部落問題が形成されたという問題とともに、都市においても、この問題については次のようなことがありました。

都市でも「上からの近代化」にともない近代的で生産性の高い大企業が育成されますが、それとともに生産性が低く、零細な中小企業が数多く林立《りんりつ》しました。

これらの資本家の多くは、寄生地主でもあり、古い伝統的な身分関係を残したままの経営「秩序」をつくりあげ、労働者の雇用にさいしてもそれを適用しました。

戦前の日本では、大企業が労働者を雇い入れるさい、身元を調べるのが一般的でした。なかには原籍地の町村役場に、身分、生年月日、家族の氏名とその関係、戸主の職業、生活状況、犯罪歴などの項目を列記した身分証明を求めていた大企業もありました。

また、人々が家業をつがず別の仕事につこうとする場合、現在のようにハローワーク（職業安定所）の紹介によるのではなく、ほとんどが縁故《えんこ》就職でした。職業紹介所もありましたが、就職をしようとする人々は、いわゆるコネを頼って就職先を探し、職につこうとしたのです。

それゆえ、雇用主にはその人間がどのような村の出身であるのか、もとの身分はなんであったかは、あらかじめわかっているのが大部分でした。このような雇用形態のなかで、部落の人々はもとの身分を口実に排除されたのです。また、たとえ身元を隠して就職できたとしても、こうした縁故中心の雇用形態のなかで生活している限りは、職場・取引先といったところで身元を知っている人と出会うことは避けられず、身元が判明しやすかったのです。

近代的な生産関係からの疎外

その結果、部落の人々も近代産業の発展のなかで、伝統的な皮革などの産業の他に新しい産業分野への就労を求めて努力しましたが、人力車夫、荷車挽《にぐるまひ》き、日雇

人力車夫

出典）『最暗黒の東京』

人夫といった肉体労働や、零細で低賃金であるブラシ産業、模造真珠《もぞうしんじゅ》工業、さらに労働条件が苛酷《かこく》で危険のともなう炭鉱、マッチ工場などに就労せざるを得ませんでした。農村ばかりでなく都市においても、底辺に滞留《たいりゅう》し、低賃金、単純労働で日本の資本主義の発展を支えることになりました。

こうして部落の人々は、近代的な生産に徐々にくみこまれていったのですが、もとの身分ゆえに、資本主義的な工場労働者一般へと進出することができず、基本的に近代的な生産関係から疎外されたのです。

日本の資本主義は急速に発展しましたが、農村と都市とを問わず、地主・ブルジョア層の伝統的な形態をとった支配と密接に関連しながら進行しました。その結果、封建的な身分差別をもとにした「家筋意識による社会的な排除」が、地域社会ばかりでなく、近代産業の発展のなかで残存し維持され続けました。

このことは、資本の側からみると、部落差別を媒介にすることで、結果的には労働者側の権利を弱めたまま、搾取《さくしゅ》の強化、労働者の階級意識の抑制《よくせい》を可能にしたと言えるでしょう。また労働者の側からみると、労働者が資本主義の発展とともに成長していく過程で身につけていくはずの、階級的な連帯意識を十分身につけることができず、その形成と成立が遅れることになりました。そして、部落の人々にとっては、労働者階級としての連帯意識も十分な形では届かないことになりました。

つけ加えられた「貧困による差別」

こうして、部落の人々には「ケガレ」を口実にした従来からの血筋・家筋意識による差別とともに、資本主義の発展により、あらたな差別がつけ加わるようになりました。近代社会で成立してきた「貧困による差別」です。

民俗学者・柳田國男《やなぎたくにお》は、貧困をそれほど気にしなかった時代から、貧困そのものを恥とする意識を助長していく近代の世相を、次のようにとらえ表現しています（「明治大正昭和世相編」『柳田國男全集26』筑摩文庫参照）。

貧にたいする我々の態度の変って来たことも、また一つの時代相ということができるだろう。……第一に真に外から見て貧しいという人といい得るものは、以前の方がはるかに多かったこと、それからその貧しさが今日と比べ物にならぬほど、ひどいものであったことは忘れられようとしている。……貧苦の本式に忍びがたくなったのは、零落《れいらく》ということから始まっている。

労働者の階級意識

労働者は、資本家に対し労働力を売るしかない存在である。それゆえに生じてくる労働者全体の意識をいう。労働条件、賃金などは労働力を利用し搾取《さくしゅ》する資本家階級に対抗し、労働者全体が一つの階級として連帯しかちとっていくべきものである、という意識も、近代産業の発展のなかで、形成されるようになった。

人々が自由と平等という「建て前」のもとに、前近代社会ではできなかったさまざまな行動を選択することができるようになったのが近代社会です。しかしその一方、古い共同体が解体され、人々がもはや個として生きることを余儀なくされていくのも近代社会です。その近代社会のなかでは、誰でも競争に敗れ「零落」するのではないかということを意識して、生活せざるを得なかったのです。「零落」するのではないかという不安のなかで、貧困ということが忍びがたくなればなるほど、人々の意識のうえで貧困が差別に転化していくようになりました。

この近代社会で成立した「貧困による差別」も、部落の人々には重くのしかかることになりました。部落の人々は、資本主義の発展のなかで近代的な生産関係に徐々にくみこまれたとはいえ、屠殺《とさつ》にかかわる食肉業をのぞくと、疎外され、底辺に滞留《たいりゅう》することを余儀なくされたからです。部落の人々の多くは、よほど条件の悪い仕事か、部落内の伝統的な産業のなかでしか生活できないことになりました。

福沢諭吉の蔑視観念

近代日本の固有の社会問題の一つとして、部落問題が一九〇〇（明治三三）年のころまでには形成され、成立するようになりましたが（→Q18）、その形成に大きな役割を果たしたのは、言うまでもなく、近代の人々が部落の人々に対し、蔑視と偏見を強くもち、「社会的な排除」を当然視し、行動したことです。

啓蒙思想家《けいもうしそう》であった福沢諭吉も、こうした蔑視と偏見から自由ではありませんでした。『福翁自伝《ふくおう》』のなかには、緒方洪庵《おがたこうあん》の適塾《てきじゅく》で蘭学を学んだ時代を回想した、次のような記述もあります。これは、適塾が自由であったことと、塾生たちがいかに物事に無頓着《むとんちゃく》であり「その無頓着の極《きわみ》が世間でいうように潔不潔《けつふけつ》、汚ないということを気にもとめなかった」ということを述べたあとに、記しているものです。

……塾じゅうの書生にみなりの立派な者はまずすくない。そのくせ市中の縁日などといえば夜分きっと出て行く。行くと往来の群衆、なかんずく娘の子などは、アレ書生が来たといって脇のほうによけるその様子は、なにか穢多《えた》でも出て来てそれをきたながるようだ。どうもしかたがない。往来の人から見て穢多のように思うはずだ。あるとき難波橋のわれわれ得意の牛鍋屋の親爺《おやじ》が豚を買い出してきて、牛屋商売であるが気の弱いやつで、自分で殺すことができぬからといって、緒方の書生が目ざされた。それから親爺に会って「殺してやるが、殺すかわりに何をくれるか――」「さようですな――」「頭をくれるか――」「頭な

啓蒙思想

一八世紀、ヨーロッパでは因習や迷信を打破し、物事を合理的・科学的にみる考え方が広げられた。これが啓蒙思想であり、人間性を尊重し、理性と進歩をうたいあげるものであった。日本では明治初期、欧米の思想・技術の導入による近代化という課題のなかで、欧米の新知識・新思想の紹介が啓蒙思想として説かれた。そのうちでも、森有礼の首唱で一八七三（明治六）年に結成された明六社には、福沢諭吉・中村正直・西村茂樹・西周《にしあまね》らが結集した。翌一八七四年より機関誌『明六雑誌』を刊行し、啓蒙思想の普及につとめ、日本の近代化を達成しようとした。写真は、『明六雑誌』の第一号である。

らあげましょう」それから殺しにいった。こいつはさすがに生理学者で、動物を殺すに窒塞させればわけはないということを知っている。幸いその牛屋は河岸端《かしつばた》であるから、そこへ連れていって四足を縛《しば》って水に突っ込んですぐ殺した。そこでお礼として豚の頭をもらってきて、奥から鉈《なた》を借りてきてまず解剖《かいぼう》的に脳だの眼だのよくよく調べて、さんざんいじくったあとを煮て食ったことがある。これは牛屋の主人から穢多のように見込まれたのでしょう。

近代民衆の「心の闇」

『福翁自伝』は一八九九（明治三二）年に刊行されたものです。

福沢は言うまでもなく、一貫して人間の平等を強く訴えた人物として知られています。また、「一身の独立なくして一国の独立なし」とも唱え、すべての人間の自由と平等こそが一国の独立の前提である、と主張したことも知られています。福沢は明治国家成立期に近代日本の方向を示した思想家であり、その存在を抜きにして、近代日本の発展を語ることができないほどの大きな存在です。

しかし、その福沢も「時代の子」であり、当時の社会通念《つうねん》のなかで生きていました。福沢においてもこのような「まなざし」がこの時点でもあったということは、

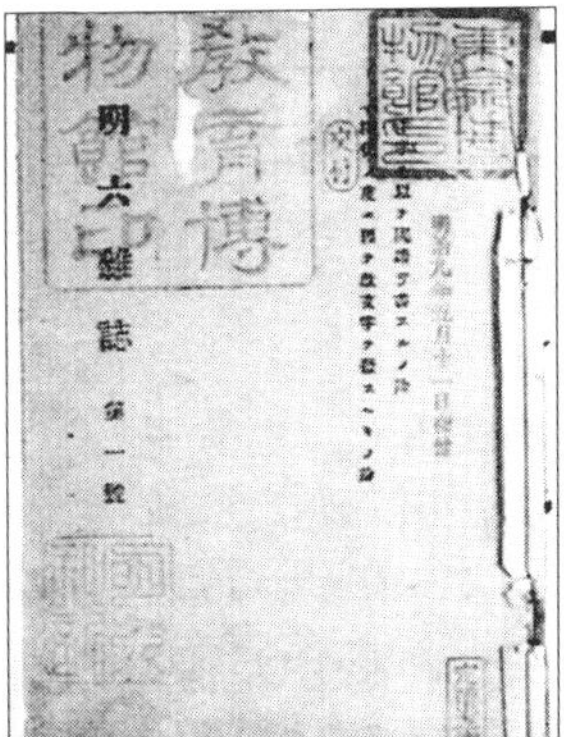

出典）高校日本史資料集（第一学習社）

心に留めておく必要があります。

近代の差別は、差別意識を有し差別的なふるまいをする側と、差別される側との関係性の問題と化しました。このことを考えると、部落外の人々の部落の人々への「まなざし」こそが、その関係性をしめすものにほかならないものであるからです。

福沢が前半生の輝かしい業績《ぎょうせき》にくらべ、一八八五（明治一八）年に「脱亜論《だつあろん》」を記し、晩年《ばんねん》には日本が中国・朝鮮の人々との連帯よりも、欧米の帝国主義国と同様にアジアを侵略すべきであると主張したことはよく批判されます。しかし、福沢がその生涯を通しこのような蔑視観念にとらわれていたことは、あまり言及されていないのではないでしょうか。

近代国家としての発展のために自由・平等を力説した福沢すらも、このような蔑視観念にとらわれていたとすれば、当時の部落外の人々がどのような「まなざし」で部落の人々をみていたのかが、うかがえるかと思います。そして、その「まなざし」こそが、近代民衆のかかえていた「心の闇《やみ》」であったとも言えるでしょう。

このような近代民衆の「心の闇」は、部落の人々が賤民廃止令（「解放令」）直後、平民としての自覚をもち、旧来の服装・頭髪・態度・慣習をこばみ、死牛馬処理な

「脱亜論」

福沢諭吉は、『学問ノススメ』のなかで、外国との交際は、正義と道理を模範とすべきであると説いた。しかし、朝鮮で親日派の金玉均《キムオツキユン》らがクーデターをおこし政府をにぎろうとして失敗するという甲申事変《こうしんじへん》後、一八八五（明治一八）年、「脱亜論」を発表した。そのなかで、福沢は、近代化の遅れた中国・朝鮮などアジア諸国とは手を切って、西洋列強と同様にアジアに進出すべきであると主張した。この「脱亜入欧」路線が実行に移されたのが、日清戦争（一八九四年）であった。福沢は、この戦争を「野蛮」に対する「文明」として戦争支持を強く訴えた。

どの「賤業」を拒否したのに対し、強く反発することにつながっていたのです。なかには、「えた狩り」と称する「解放令反対一揆」を起こした兵庫・高知・岡山・福岡などの例もありました。

「解放令反対一揆」と近代民衆の「まなざし」

「えた」身分の人々は、一八七一（明治四）年八月の賤民廃止令を喜びをもって迎えました。それに対し、部落外の人々は、どのように受け止めたでしょうか。

もともと、平人（農工商）身分の人々と「えた」身分の人々とは、長い間、生活の場である居住地、仕事、祭礼などが隔《へだ》たっていました。その隔たりを当然としてきた人々には、廃止令は受け入れがたい法令でした。その結果、「えた」村を枝村として支配してきたような村では、この廃止令をわざと遅らせたり、この法令の日《ひ》延《の》べを通告するなどの手段で抵抗しました。なかには、この法令の実施にあたり、旧来通りの従属関係を制約させたり、旧「えた」身分の人々に対して、「禊《みそぎ》」を要求した地域もありました。

そのなかで、西日本各地では、「えた狩り」と称される「解放令反対」を掲げた一揆《いっき》が起きたのです。この「解放令反対一揆」は、賤民廃止令発布直後の一八七一

賤民廃止令反対の口上書（兵庫県）

賤民廃止令が知らされると、氷上《ひかみ》郡の村では賤民廃止令を日延べし、これまで通りとするよう政府に願い出ることを決議し、口上《こうじょう》書を作成した。その直後に、この地域では「解放令反対一揆」が大規模におこり、部落が襲撃された。

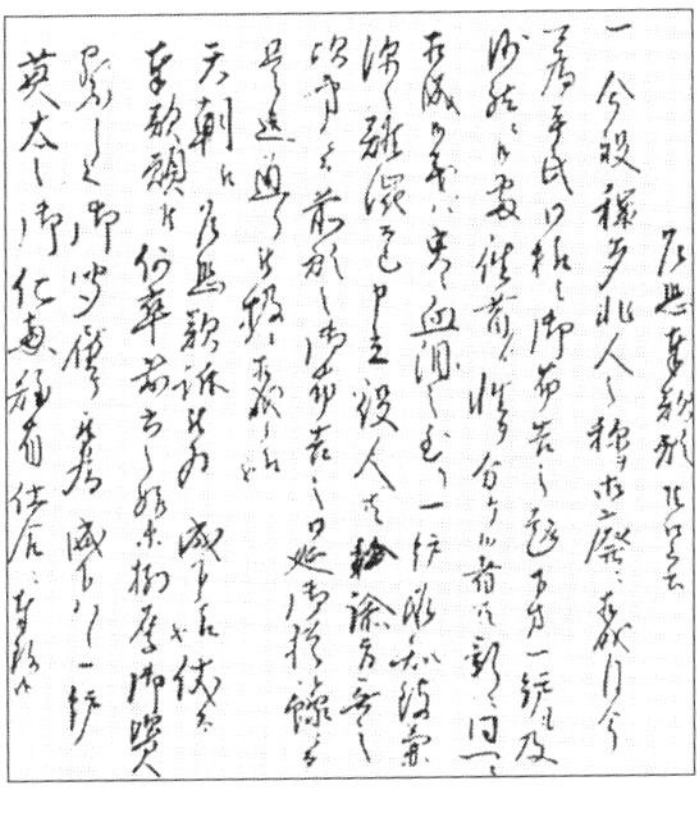

出典）『人権のあゆみ』

（明治四）年一〇月から始まり、中国、四国地方を中心に十数件におよびました。高知県、岡山県の一揆では襲撃された部落が壊滅するほどの被害を受けています。

岡山県で一八七三（明治六）年五月～六月にかけて起きた美作《みまさか》一揆では、徴兵令反対と賤民廃止令反対が重なり、参加数が二万人を超えるほどの一揆になりました。そのなかで、襲撃され焼き打ちされた部落の住宅が二六二戸、破壊された住宅数五一戸、死者一八人を数えるほど大きな犠牲をだしました。また、福岡県で同年六月におきた筑前竹槍《ちくぜんたけやり》一揆では、新政への反対から参加人数が三〇万人におよび、そのさい、焼き打ちされた部落の住宅数だけでも一五〇〇戸以上にのぼると言われています。

一揆勢の要求の多くは、「穢多是迄通《えたこれまで》り」といったものでしたが、部落を襲撃した理由は、岡山県の例では部落の人々がそれまでの「賤業」を拒否したことでした。広島県の例では、部落の青年が部落外の店に酒を飲みに来たことであり、愛媛県の例では部落の人々が部落外の人々と同様に温泉に入浴したことでした。襲撃理由は極めてささいなことがきっかけでしたが、その襲撃の背景には、賤民廃止令以後の部落の人々の行動を「驕慢《きょうまん》」「傲慢《ごうまん》」と受け止めていた部落外の人々の意識があったのです。

部落の人々を襲撃した民衆にとってはまさしく、「被差別民が新政を具体的に体現する存在にほかならなかった」（鶴巻孝雄「民衆運動と社会意識」『岩波講座日本通史16　近代I』岩波書店参照）と言えるでしょう。

この「解放令反対一揆」などは、新政府の強権的な支配とともに打ち出される近代化のための諸政策によって、百姓身分による地域の支配秩序が解体されるのではないか、という危機感からなされたものでした。しかし、部落の人々を襲い、殺《さつ》傷《しょう》させた根底には、部落外の人々がそれまでにもっていた部落の人々への「まなざし」があった、と言えます。そして、その「まなざし」は、新政府成立直後ばかりでなく、近代日本の社会のなかで一貫して維持されていたのです。

「人という概念」のなかに、部落の人々は含まれていたのか

近代の日本社会での部落の人々への「まなざし」こそは、人々が人格の平等などの近代市民社会の原理を体得しないまま、近代国家としての出発を余儀なくされた近代日本の社会的な一面であり、現在の日本社会へと持ち越されてきているものです。

「まなざし」は言うまでもなく、成長過程で私たちが家族・友人などから、知ら

ず知らずに学び身につけるようになるものです。現在の日本社会で部落差別は見えにくい差別であると言われるのは、部落差別がこうした受け継がれてきた「まなざし」による差別という一面ももっているからです。社会のなかで受け継がれてきた「まなざし」が逆に、「部落とはかかわりたくない」「部落はこわい」という意識をも生み出していると見ることもできるのです。

「天は人の上に人を造らず、天は人の下に人を造らず」といい、封建的な門閥《もんばつ》制度を憎んだ福沢にとって、彼が意識した「人という概念」のなかに、部落の人々が含まれていたのかどうか、そして福沢ばかりでなく当時の人々が「人という概念」のなかに部落の人々を含めていたのかどうかを、見直してみる必要があります。

部落問題の解決のためには

部落の人々の多くは、明治の松方デフレ政策（→Q18）以降、零細《れいさい》な農業を軸に皮革業、日雇い人夫、車挽き、雪駄《せった》・草履《ぞうり》などの履物細工《はきものざいく》など多種の就労によって、部落外の人々の一般的な水準をはるかに下回る経済力を背景に生計を維持するという、きわめて不安定な生活を余儀なくされました。

その不安定な生活をもたらしたのは、近代社会においても福沢諭吉すらもっていたような蔑視観念が部落の人々をとりまいていたことでした。

部落の人々は、こうした蔑視観念のもとに社会的な被差別身分としておかれ、「社会的な排除」の対象となり続けました。そして、そこに近代社会で成立してきた「貧困による差別」という、あらたな差別もつけ加えられるようになったのです。

福沢諭吉が『福翁自伝』を刊行してから一〇〇年をこえるようになりました。現代社会においても、差別する側の人々の意識のなかでは、福沢と同様な蔑視観念、そしてそれを口実とした「社会的な排除」が連続する形で残されています。

それゆえ、部落の人々の経済状況を改善し、生活の安定をはかり、「貧困による差別」をなくすことがまず大切です。しかし、部落の人々が経済的に豊かになっても、現代の社会で蔑視観念や家格・家筋を尊重する意識がある限りは、差別が残されることになります。

部落問題の真の解決のためには、日本社会で一人ひとりが家格・家筋を尊重する意識や社会のあり方を、どのように変えていくかが問われているというのは、このことを意味しているのです。

草履づくり

草履づくりは、近代になっても部落の人々の生活を支えた産業の一つであった。写真はショロ葉草履づくりの再現（埼玉県内）

筆者撮影

Q20 日本国憲法が制定されてもなぜ、部落差別は消滅しなかったのですか？

憲法で「法の下の平等」を規定しているのになぜ、部落差別は残されたのですか？　部落の人々は新憲法のもとでどんな動きをしたのですか？

戦前の日本は、社会生活のなかでも先祖の身分、血筋・家柄の違いを理由にした差別を十分に否定せず、近代天皇制も先祖の身分、血筋・家柄をもとに成立していました。言い換えると、人間を評価するさいには、先祖の身分、血筋・家柄が有力な判断基準《はんだんきじゅん》となっていた時代であり、社会体制のうえでも「生まれによる差別」である部落差別は、必ずしも克服すべき課題ではなかったのです。

部落の人々は自主的な解放運動組織として一九二二（大正一一）年、全国水平社《ぜんこくすいへいしゃ》を結成し、人間の尊厳と自由・平等を求めて活動しますが、そのような社会状況のなかでは、解放運動そのものが弾圧《だんあつ》を受けたばかりでなく、部落外の民衆からの反発も強いものがありました。

しかし、一九四五（昭和二〇）年八月のアジア太平洋戦争での敗北とともに、日

全国水平社

部落の人々は「社会の同情」に訴える融和《ゆうわ》運動を進めてきたが、その限界を悟《さと》った西光万吉《さいこうまんきち》・阪本清一郎《さかもとせいいちろう》・平野小剣《ひらのしょうけん》らが、人間の尊厳と自由・平等を社会的に要求するために、部落の人々による自主的な解放運動を組織化した。この背景には米騒動以来の民衆運動の高まりがあった。

一九二二年三月三日、京都岡崎公会堂で開かれた結成大会では、(1)差別からの解放は部落の人々みずから

本社会の民主改革が進められることになりました。日本を占領支配したアメリカ軍を主体とする連合国軍とともに、戦時下で耐え難い苦しみを味わった国民も、平和で民主的な国家を建設することを強く願ったのです。

その結果、財閥解体《ざいばつかいたい》、農地改革、婦人参政権の実現などの民主化が進み、家長を中心とした家制度もなくなりました。労働者の団結権、ストライキ権なども保障され、男女共学の民主的な教育もおこなわれるようになりました。

この間、一九四六（昭和二一）年にあらたに制定された日本国憲法では、国民主権・平和主義・基本的人権の尊重を三大原理として「法の下の平等」が明記され、華族制度も廃止されました。

大日本帝国憲法体制下で必ずしも克服すべき課題とは言えなかった部落差別は、日本国憲法では明確に社会体制のうえでも、「あってはならない差別」とされたのです。

「法の下の平等」は部落差別を否定するものであり、以後、部落差別は民主的国家として出発した日本に許されるはずのないものでした。このことは大日本帝国憲法体制から日本国憲法体制への転換の大きな意義であり、戦後の民主化がもたらした成果でした。

の力でかちとらなければならない、(2)そのためには全国の部落の人々が団結しなければならない、と呼びかけて、水平社宣言をだし、綱領などを定めた。この「日本の人権宣言」と呼ぶべき宣言では「人間の世に熱あれ、人間に光あれ」と結んでいる。

水平社運動はたちまち全国に広がり、約一年後には三府二一県に約三〇〇社の支部を組織した。以後も、各地で解放運動が高揚《こうよう》し、軍隊内の差別と闘い、植民地朝鮮での解放運動とも連帯した。

しかし、一九三一（昭和六）年九月の満州事変から一九三七（昭和一二）年七月の日中戦争へと大陸侵略が本格化するとともに、指導部もそれまでの「侵略戦争反対」を訴えることから、侵略戦争を「皇国日本」がアジアを解放する「聖戦」へと位

戦後の部落の人々

長い間差別を受けてきた部落の人々は、一九四六（昭和二一）年二月、部落解放全国委員会を結成しました。この部落解放全国委員会は、戦時中に活動を停止せざるを得なかった全国水平社を継承した自主的な解放運動団体として、組織されたものでした。

初代の委員長には、戦前からの部落解放運動指導者である松本治一郎《じいちろう》が就任しました。松本治一郎は、一九四七（昭和二二）年の第一回参議院選挙で当選したのち、初代の参議院副議長に就任すると、真に民主的な社会を求め、国民主権のもとに国会内の改革にも努力しました。

松本は、国会の開会式前の天皇との「拝謁《はいえつ》」という名の会見の場で、旧来の慣習であった「カニの横ばい」（天皇にたえず正対し、お尻を向けない歩き方）をやめ、人間として天皇個人と対面する態度をとりました。「人並み以上に尊い人間をつくれば、その対極に人並みに扱われない差別される人間を生む」という持論のもとに、旧習を打破したのです。松本には戦前からの部落解放運動指導者として、「貴」があるからこそ「賤」が存在するという強い意識があったのです。以後、この不自然

置づけ、侵略戦争に協力・加担し、解放運動に悔やみきれない汚点を残すことになった。一九四一（昭和一六）年一二月のアジア太平洋戦争が開始されると、活動自体が困難になり、翌一九四二（昭和一七）年一月に「自然消滅」した。

戦後も、松本治一郎ら指導部が戦争に協力・加担したことへの反省を怠《おこた》ったことが、近年指摘され、水平社の戦争責任・戦後責任が問い直されている。

な「拝謁」方法は廃止されました。

また、部落解放全国委員会は一切の差別の解消とともに、農地改革の徹底による部落農民の耕地保障、部落産業の復興と近代化、失業対策と生活保障などのスローガンを掲げ、取り組みました。

解放委員会関係者は、農村部では農地改革を積極的に進め、小作側農地委員として自作農の創出《そうしゅつ》にあたりました。その結果、部落においても多くの小作地が解放され、部落の小作地の割合は大きく低下しました。

しかし、それにもかかわらず、部落をとりまく状況は厳しいものでした。地域の民主化の課題としてさまざまな取り組みがなされたのですが、部落差別の解消に向けた取り組みは弱いままであったからです。

また、部落産業である皮革・履物業《はきものぎょう》も民需《みんじゅ》に依存していたため、戦時下での統制経済のもとで壊滅的《かいめつてき》な打撃を受けていましたが、その復興も思うように進まなかったからです。

戦前からの劣悪な生活環境はそのまま維持され、子どものたちの教育を受ける権利もないがしろにされていました。そして、差別事件も全国各地で起きていました。

農地改革のポスター

ＧＨＱによる農地改革指令が一九四五（昭和二〇）年一二月にはじまると、農民運動もこれを推進し、一九五〇年八月までに、全耕地の約九〇％が自作地となり明治以来の寄生地主制は消滅した。ポスターは一九四七年末に作成されたものである。

（出典）高校日本史教科書（実教出版）

象徴天皇制と残された部落差別

戦後の日本は、日本国憲法が制定されたとはいえ、部落の人々にとっては戦前以来の「貧困と差別」が引き継がれた社会でした。貧困という部落の実態が放置されたまま、先祖の身分、血筋・家柄を口実に部落の人々を蔑視する意識と行為が、簡単に過去のものとはならなかったのです。そのため、「差別が貧困を生み、貧困が差別を再生産する」という状況は改められないままでした。

また、戦後の民主化は大きな体制的転換であり、きわめて大きな意義をもつ改革でした。しかし、先祖の身分、血統・家柄をもとに成立している象徴天皇制の存在を許した、という限界性をもつものでした。戦後、天皇という存在が大日本帝国憲法体制下の「万世一系《ばんせいいっけい》の現人神《あらひとがみ》」から、日本国憲法体制下で「象徴《しょうちょう》」へと改められても、戦前との連続性を保つ形で昭和天皇がそのまま在位し続けました。

このもとで人々は、部落差別が明確に体制としても否定されなければならない「生まれによる差別」であり、基本的人権を侵害している「許すことのできない差別」であることを、すぐに血肉化《けつにく》することはできませんでした。戦前との連続性を保つ形での象徴天皇制への移行は、先祖の身分、血統・家柄を口実にした差別を見えにくする働きをしたと言えます。そのことは、「基本的人権の尊重」という見地からみると、戦前と戦後の非連続性を当時の人々に十分に意識させないことになりました。

こうして戦後の日本には、部落差別の解消という課題が日本国憲法の基本的精神をより徹底《てってい》化するという課題、すなわち日本社会の「真の民主化」という課題として長く残されたのです。

オールロマンス事件と対策事業の開始

一九五一（昭和二六）年、部落問題への取り組みを大きく変えることになる「オールロマンス事件」が起こりました。扇情《せんじょう》的な記事を売り物にしていた『オールロマンス』という雑誌に、京都市衛生局の保健所職員が書いた「特殊部落」という小説が掲載されました。

この小説は、京都市内の被差別部落を興味本位に取り上げ、題材としたものでした。そこに住む韓国・朝鮮人、女性への蔑視が満ちあふれたストーリーで、部落を密造酒製造と売買春・暴力の横行する地域であるかのように描き、偏見と差別意識を拡大する内容のものでした。

雑誌『オールロマンス』の表紙と掲載小説「特殊部落」

現在、「特殊部落」という用語は差別語として使用しない用語である。

出典）『写真記録全国水平社七〇年史』

解放運動の関係者によって「オールロマンス事件」が追及されるなかで、京都市の行政当局は「差別をしていない」と主張しました。しかし、行政当局も、京都市内の乳児死亡率の高い地域、生活保護受給率の高い地域、長欠児童生徒の高い地域、貧弱な道路の多い地域などをそれぞれあげてみると、これらの地域が部落と重なり、行政の施策《しさく》が部落に行き届かず放置されている実態と行政の責任を、認めざるを得ませんでした。

こうした部落の劣悪な生活実態が、差別意識をささえ残存させてきた一因でした。この事件を通し、差別事件が起こらないような条件をまず作り上げていくことの必要性が、明らかになったのです。

ただし、小説『特殊部落』の登場人物のほとんどが、被差別部落に住む在日韓国・朝鮮人であったにもかかわらず、在日韓国・朝鮮人差別の解消という課題はないがしろにされました。

それまで戦後の地方自治体における同和行政への取り組みは、一九四六（昭和二一）年の鳥取県・静岡県を皮切りに、一九五〇（昭和二五）年までには、すでに全国一八府県においておこなわれていました。これらの府県では、同和関係の予算を計上していましたが、その額もすくなく、行政による本格的な対策事業とは言いが

狭山事件

一九六三（昭和三八）年五月一日、埼玉県川越高校狭山分校一年生中田善枝さんが下校途中で行方不明となった。当日夜に脅迫状が届き、警察が誘拐事件として捜査を開始したが、警察は身代金を取りに来た犯人を取り逃がし、三日後に遺体が発見された。警察当局が世論の強い批判を受けるなかで、狭山警察署は同月二三日、部落出身者である石川一雄さんを別件で逮捕し、中田さん殺害を自供すれば早く帰すなどの約束をし殺害を認めさせた。そのため、第一審では死刑判決が下されたが、第二審では石川さんは誘拐・殺害を否定し、無実を主張した。

この事件は捜査当初から部落出身者への予断と偏見による見込み捜査による逮捕であったことや、証拠自体が警察当局による作為の疑いの強

たい現状でした（奥田均『部落解放への挑戦―「補償」から「建設」へ』解放出版社参照）。しかし、京都市では事件の翌年、一九五二（昭和二七）年より、地方自治体としてはじめて本格的に同和対策予算を組み、対策事業を開始しました。大阪でも同年に大阪府同和事業促進協議会が設立され、本格的な対策事業への取り組みが開始されるようになりました。

請願運動の高まりと「狭山事件」

「オールロマンス事件」後、部落の人々は、部落の住居・道路・橋・水道などの環境改善、部落差別を許さない真の学校教育の充実、教育を受ける権利の保障、差別を許さないための社会啓発の充実、人権を保障する社会制度の整備充実などを、行政が責任をもち、全国各地で具体的に実施することを要求することになりました。そして、その過程で部落解放全国委員会は、一九五五（昭和三〇）年、より大衆的な運動団体として発展するために、その名称を「部落解放同盟」と改めました。

　こうして、部落問題の解決が国の責務であるとして、差別解消のための総合的・具体的施策を求める請願運動《せいがんうんどう》（行政闘争）が展開され、全国各地に広がりました。また、一九六三（昭和三八）年には「狭山事件」がおきましたが、解放運動は

いものであることが明らかにされた。それゆえ、冤罪《えんざい》事件として真相の解明が進められ、抗議運動も全国的に起こった。しかし、一九七四年の第二審で無期懲役、一九七七年の最高裁で上告棄却の判決が下された。以後も再審を求めたが、一九八〇年に再審棄却の決定が下された。

　一九八六年から第二次再審請求がおこなわれたが、一九九一年から翌年にかけて、狭山警察署の当時の捜査員が弁護側のこれまでの「証拠捏《ねっ》造《ぞう》」説を裏付ける重大な証言をおこない、裁判所の判断が注目された。それにもかかわらず、最高裁判所は、検察側の手持ち証拠を弁護団に開示することを拒み続け、二〇〇五年三月、狭山再審弁護団による特別抗告を棄却した。

　この間、獄中から一貫して無実を主張してきた石川さんは、一九九四

こののち、この事件の真相究明を求める動きと、行政施策を求める運動とが連携《れんけい》した形で、進められることになりました。

「狭山事件」で逮捕された石川一雄さんは、小学校もほとんど通学できず読み書きも不十分な部落の青年でした。石川さんの生い立ちは、まさに部落差別のなかで育ち、教育を受ける権利や就労の権利を奪われてきた、数多くの部落青年の生い立ちそのものでした。

請願運動などの高まりの結果、劣悪な部落の生活環境を改善するために、政府は一九六九（昭和四四）年に「同和対策事業特別措置法」を制定することになりました。

年一二月に「仮出獄」した。以後、石川さんは身の潔白を明らかにするために活動している。

一九六〇年代の被差別部落

高度経済成長のなかにあって、部落の人々の大部分にはその恩恵が届かず、差別と貧困のなかで劣悪な生活環境のまま放置されていた。

出典）『写真記録全国水平社七十年史』

Q21 部落問題解決のためにどんな取り組みがなされてきたのですか？

部落問題の解決は国民的課題と言いますが、これまでどんな取り組みがなされてきたのですか？　また、部落の現状はどのようになっていますか？

部落問題が請願運動などにより国民的関心を呼ぶとともに、政府は一九六〇（昭和三五）に部落問題解決のために、同和対策審議会《どうわたいさくしんぎかい》を設置しました。審議会は慎重《しんちょう》な審議を重ね、一九六五（昭和四〇）年八月、「同和対策審議会答申」を政府に提出しました。

この答申では「同和問題は人類普遍の原理である人間の自由と平等に関する問題であり」「その早急な解決こそ国の責務であり、同時に国民的課題である」と明示し、部落問題解決のために、国の責務とともに国民一人ひとりの努力を求めていました。

答申ではさらに、①「解放令」は現実の社会関係における実質的な解放を保障しなかったこと、②わが国の社会・経済・文化体制こそ、部落問題を存続させ部落

同和対策審議会答申

この答申では、現代日本のさまざまな差別問題のなかで、基本的人権を著しく侵害され、「もっとも深刻なそして早急に解決を図る必要がある」問題として、部落問題（同和問題）を扱い、次のように記している。

「………近代社会における部落差別とは、ひとくちにいえば、市民的権利、自由の侵害にほかならない。市民的権利、自由とは、職業選択の自由、教育の機会均等を保障される

差別をささえている、歴史的社会的根拠であること、③いかなる時代がこようと、どのように社会が変化しようと、部落問題が永久に解決しないと考えるのは妥当《だとう》でないこと、④部落問題がすでに解決していると考えたり、このまま放置すれば社会進化で解消するとの考えには同意できないこと、⑤部落問題解決のためには、部落の人々に就職と教育の機会均等を完全に保障し、生活の安定と地位の向上をはかることが必要とされること、などもあげられていました。そして、同和行政をより効果的にするために、「特別措置法」を制定すべきである、と結んでいました。

同和教育への取り組み

一方、敗戦とともに戦前の教育を反省し、民主的な教育が進められることになりました。そのなかで、部落の子どもたちの多くが教育を受ける権利を保障されていないという厳しい現実がありました。こうした現実を見つめた学校・社会教育関係者によって、同和教育への取り組みが戦後いち早くなされ、各地に広がっていきました。

一九五三（昭和二八）年には、部落解放のために教育の果たす役割の大きさを考えて、学校・社会教育関係者によって「全国同和教育研究協議会」が結成されまし

権利、居住および移転の自由、結婚の自由などであり、これらの権利と自由が同和地区住民にたいしては完全に保障されていないことが差別なのである」

この答申では、部落差別を「市民的権利、自由の侵害」としてとらえている。これは世界の人権のこれまでの流れを受けたものである。

ただし、この答申は、現時点から見ると、当時の日本社会の人権意識の「限界性」を示すものであった。それは「国民的課題」「もっとも深刻にして重大」という言説が示すように、「同じ日本国民同士で、こんな差別があってはならない」ということが自明の前提としてあり、「日本社会を構成するすべての人」の課題として考えなかったことである。運動団体もこの点では、同様であった。

た。この結成趣意書《けっせいしゅいしょ》には「もし、全《すべ》ての日本の教育者がその力を結集して同和教育への精進《しょうじん》を誓うならば、如何《いか》に日本の民主化は促進《そくしん》され、同和問題解決への道が大きく開かれるであろうか」と記され、同和問題の解決に向けて教育者の努力を訴えていました。

現在、この流れを受け継ぎ「差別の現実から深く学ぶ」ことを掲《かか》げた教育が各地で推進され、広がっています。また、部落問題への国民的関心が深まるとともに、「同対審答申」後には、教科書にも記述されるようになりました。

一九七二（昭和四七）年度に中学社会科教科書の一部ではじめて「えた・ひにん（非人）」記述がなされ、義務教育段階で部落問題が記載されました。一九七四（昭和四九）年度からは小学校六年生用社会科教科書にも記述されるようになりました。

高校教科書においては一九六五（昭和四〇）年度の家永三郎『新日本史』（三省堂刊）で記述されていたのみでしたが、一九七四（昭和四九）年度からの日本史教科書において一般的に記述されるようになりました。

ここにおいて「えた」とは何か、「ひにん」とは何か、そして部落問題とは何かを全国で学ぶことになりました。そして、学校においては社会科のみならず「いつ

これは日本社会が国籍・民族の違いを口実とする差別を容認し、在日韓国・朝鮮人などの旧植民地出身者への社会保障、戦後補償を放置してきたことと表裏一体であった、と見ることができる（拙稿「福沢諭吉の『まなざし』から植木徹誠の『まなざし』へ」『脱常識の部落問題』朝治武他編・かもがわ出版参照）。

でも・どこでも・だれでも」が日常的におこなう教育活動として同和教育、人権教育が位置づけられ、教育実践の課題となり、今日にいたっています。

進展した環境改善と地区外との結婚

政府は「同対審答申」を受け一九六九（昭和四四）年、一〇年という期限をつけた「同和対策事業特別措置法」を制定しました。しかし、この法律の評価などをめぐって、解放運動の組織内部での決定的な対立が生じ、全国組織が分かれることにもなりました。

「同和対策事業特別措置法」は、その期限内では十分な対策が講じることができず、この法律は三年間延長されました。以後、法律の名称は変わりつつも「同対審答申」の精神は活かされ、さまざまな対策事業が進められてきました。現在、「同和地区」の指定を受けた地域での環境改善事業が進み、その生活環境は大幅に改善されました。それにともなって、特別措置法による同和対策事業は一九九七（平成九年）に終了し、残事業は二〇〇二（平成一四）年三月まで法的措置をとることにしましたが、以後、すべての同和対策事業は一般施策に移行しました。

また、日本社会での人権意識の高まり・産業構造の変化とそれにともなう人口

全国組織の分裂

おもな運動団体は次の三つに分裂した。このほか、地域で独自に組織されている運動団体もある。

・部落解放同盟

全国水平社を継承し一九四六年に結成された部落解放全国委員会が、一九五五（昭和三〇）年に改称した。反差別・人権確立を求める国際連帯のために、一九八八（昭和六三）年に反差別国際運動（ＩＭＡＤＲ）を結成し、活動している。

・全国自由同和会

自民党の働きかけにより部落の保

の流動化などより、一九八七（昭和六二）年の総務庁の全国実態調査の結果によると、三〇歳未満の同和地区の人が地区外の人と結婚する割合は、六〇%を超えるようになってきています。さらに、一九九三（平成五）年の総務庁の全国調査でも、その割合は、三〇代では六〇・四%、そして二〇代では七二・五%に及んでいます。

もはや全般的にみると、「差別が貧困を生み、貧困が差別を再生産する」という状況は過去のものとなった、と言えます。

しかしその一方で、同和地区の指定を受けないまま、環境改善が放置されている「未指定地区」の問題が指摘されていることは前述した通りです（→Q3）。そして、環境改善にくらべ、結婚・交際・就職などでの差別の根絶が、いまだ十分ではないことが指摘されています。

解放運動と人権保障の進展

今日まで部落解放運動が進められるなかで、日本社会での人権保障も着実に進展してきました。

現在おこなわれている義務教育での教科書の無償配布の制度は、もとは高知・長浜の部落の人々が中心となり、一九六一（昭和三六）年に提起したことから実現

守系の人々を中心に「全日本同和会」が一九六〇（昭和三五）年に結成されたが、幹部・組織員の不祥事が相次いだため、それを批判した人々が分かれ結成した。

・全国部落解放運動連合会

「同和対策事業特別措置法」の評価・「政党支持の自由」問題などを契機に、部落解放同盟指導部と意見を異にする共産党党員およびその支持者などが、一九七〇（昭和四五）年に「部落解放同盟正常化全国連絡会議」を結成し、一九七三（昭和四八）年に部落解放同盟から自立した組織にするために改称した。解放運動のあり方をめぐっては同盟と対立関係にあった。二〇〇四（平成一六）年四月には終結大会を開き、「全国地域人権運動総連合」へと組織変更した。

したものです。長浜の部落の人々は、教育関係者とともに日本国憲法の義務教育無償の規定（第二六条）を守るように訴えました。それが全国に広がり一九六三（昭和三八）年から実現したものです。

　さらに、就職時に戸籍謄本《とうほん》を提出させたり面接で差別的な質問が横行《おうこう》するなかで、本人の能力と関係ない調査・質問での採用を廃止させるために、人権に配慮した就職応募用紙の改善が進められました。高校生の場合、国籍・本籍を記載しない、家族欄も名前・性別・年齢しか記載しない就職統一応募用紙に変更され、戸籍謄本の提出もしないようになりました。一九九六（平成八）年度からは、本籍欄・家族欄そのものも削除し、公正な選考に向けて、より徹底されるようになりました。この就職統一応募用紙は現在、学校を通じて就職する生徒すべてに配布され、使用されています。

　これらの変更は、部落出身の生徒ばかりでなく、母子家庭・父子家庭の生徒、在日韓国・朝鮮人の生徒などに職業選択の道を保障するためになされたものです。その結果、すべての人に公平な職業選択の道が開かれるようになりました。

　これらは戦後の部落解放運動が同和教育関係者などとともに力をあわせ、人権保障に取り組んできたことの成果と言えるものです。

教科書の無償化運動

　教科書の無償化の運動は高知の長浜部落から全国にひろがった。写真は長浜小学校講堂で開かれた要求大会の様子である。

出典）埼玉県同和教育歴史教材編集委員会編集・発行『埼玉の部落』

Q22 いまでも部落差別は、あるのですか?

日本社会での人権意識もすすみ、対策事業も終了した今日、もう部落差別などという差別は、なくなったのではないですか?

今日の部落差別は、日本社会での人権意識が進展した結果、かつてのようにあからさまに目に見える形ではなく、日常生活のなかではっきりとは見えにくいものとなっている、ということが指摘されています。

「もはや差別はない」と部落外の人々が言う埼玉県のある地域でも、祭礼後の打ち上げ会などをする場合、部落の人々が一次会には参加できても、二次会には声がかからず、参加を申し出ると、「二次会は気の合った者同士で」などの理由をつけて、部落の人々を「排除」する例があります。転入してきた人のなかには、地域の自治会に加入するにさいし、部落の人々の多い自治会では「まちがえられては困る」と偏見に基づいた主張をし、わざわざ別の自治会に加入しようとする例もあります。

また、部落の人が部落外の人と結婚する割合が「六〇%を超える」という調査結果の一方、部落の人と部落外の人とが結婚する割合は、どこが部落であるのか、その人が部落出身者であるのかどうか、といった情報をあらかじめ知っている範囲ではきわめて少ないことが指摘されています。長野県の被差別部落を有するある地域では、同じ村内の人々同士が結婚する例が数多くあるにもかかわらず、戦後五〇年をへても、この間に同じ村内で部落の人と部落外の人が結婚した例は一件もない、という実態があります。

さらに、一九七〇年代に部落の地名、所在地、戸数、主な職業などをリストアップした「部落地名総鑑《ぶらくちめいそうかん》」が出回り、大企業などもひそかに購入していたことがありました。その後、刊行された「部落地名総鑑」は見つけしだい回収し、購入した企業に対しては社内での同和教育を徹底させるなどの指導をおこなってきました。しかし、現在でも、インターネットなどで同様のリストが匿名《とくめい》で流されているという現実があります。

インターネットを悪用した差別

一九八九（平成元）年五月、それまで解放運動に取り組んできた関係者に衝撃を

差別通信

写真は一九八九（平成元）年二月に流されたもの。このようなパソコ

あたえる事件が発覚しました。

　アマチュア無線を使ったパソコン通信であるパケット通信で、「部落地名総鑑」と同様の差別文書が流されていることが明らかになったのです。パケット通信はその当時、最先端の通信手段で、それを利用する世代は比較的若年層と考えられており、差別文書を流したのも若い世代と考えられたからです。最先端の通信手段が差別をひろげる手段となっている事実とともに、「部落差別は古い体質をもつ一部の高齢者に残存しているだけである」という考えが誤っていることをしめす事件でもあったのです。

　一九九四（平成六）年九月にも、パソコン・ネットワークのニフティ・サーブの掲示板に女性名で「部落地名総鑑をお持ちの方へのお願い」という依頼文が、書き込まれていることが明らかになりました。当時、ニフティ・サーブは加入者が日本で最大のパソコン通信で、加入者数は一〇〇万人と言われていました。

　その依頼内容は、「営業関係の仕事をしている為、どの地域が『部落』であるかを調べています。以下の、地域の部落名を教えて下さい」という一文に続き、石川県内の具体的な市町村を記したうえ、「以上の『部落』所在地をメールにて教えてください」というものでした。女性名で問題の依頼文を書き込んだのは石川県内の

ン通信を利用した差別文書は、「部落地名総鑑」を隠し持つ者、興信所の関係者のしわざではないか、と言われている。現在は、インターネットで同様のリストが匿名《とくめい》で流され問題となっている。

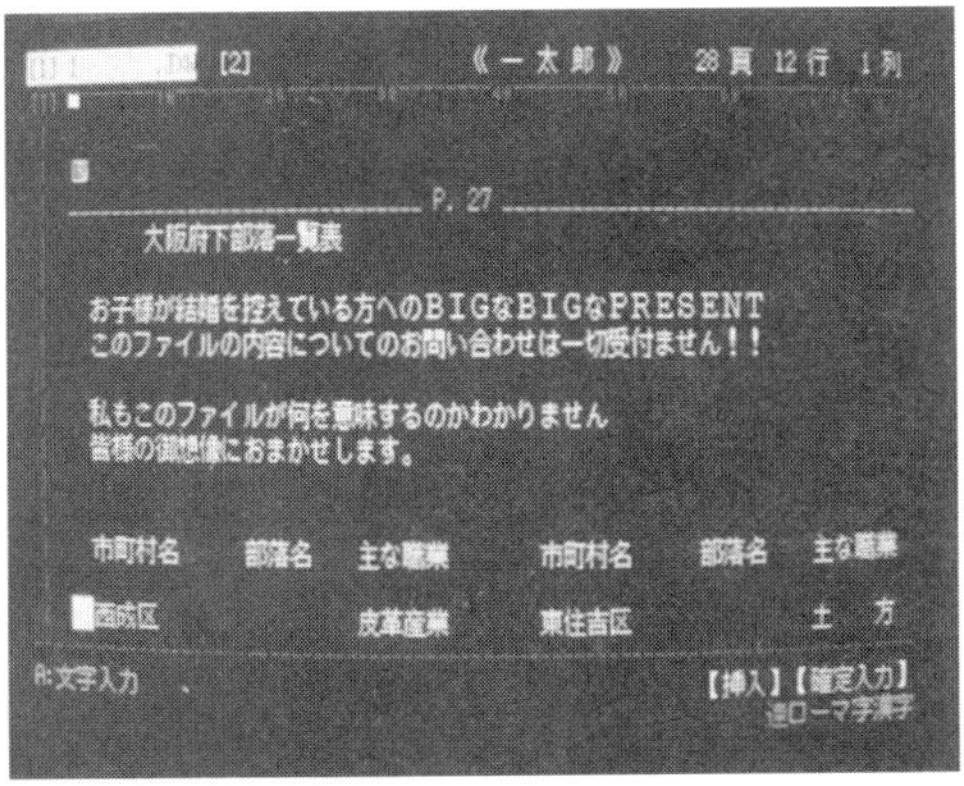

出典）『写真記録全国水平社七〇年史』

二六歳の男性であることが翌一九九五（平成七）年二月に明らかになりましたが、ニフティ・サーブが掲示板からこの依頼文を削除するまでに、データの取り出しが三〇件おこなわれていました。

近年、インターネットが広く普及し、誰もが手軽に利用できるようになりました。このインターネットでも、被差別部落の地名を情報として提供したり、ネット上の会話のなかに露骨《ろこつ》な差別語を使うなどの事例があります。

インターネットによる差別事件に詳しい「反差別ネットワーク人権研究会」の田畑重志さんが把握しているネット上での差別事象は、メールを含めると、二〇〇三（平成一五）年四月から二〇〇四（平成一六）年三月までの一年間で、三四七件にのぼるということです（部落解放・人権政策確立要求中央委員会編『全国のあいつぐ差別事件　二〇〇四年版』解放出版社参照）。

これは前年の把握数二五九件にくらべ、八八件増加しており、そのなかで「2ちゃんねる」など大型掲示板での差別事例が増加していること、「不動産郷土情報」などインターネット上で部落地名リストを書き込むための掲示板が存在すること、「現代特殊民話」といったタイトルで、さまざまな人権を侵害する現在の噂《うわさ》を集めたものがあること、個人を特定し誹謗中傷《ひぼうちゅうしょう》している例があること、などを指摘しています。

今もおこなわれている身元調査

このほか、弁護士・行政書士・社会保険労務士など特定の専門資格者に許されている戸籍謄本《とうほん》の交付請求の権限を使い、交付された戸籍謄本から本籍地番を調べるなどし、身元調査に悪用した例もあります。なかにはそれを興信所などに売り渡していた例もあります。福岡では弁護士によるこうした事件が一九八八（昭和六三）年五月に発覚しています。東京では行政書士・社会保険労務士による同様の事件が一九九〇（平成二）年六月に発覚しています。

一九九八（平成一〇）年には、企業の人事採用にかかわって、大阪の大手調査会社が差別につながる身元調査をおこなっていたことが明らかになりました。また、一九九九（平成一一）年には、長野県塩尻《しおじり》市の会社が一九九七（平成九）年に、中途採用の選考者五人の履歴書を調査会社に渡し、身元調査をおこない、五人全員を不採用にした、ということが明らかになりました。この調査会社は、就職希望者五人の思想・家族（財産を含む）・学歴・性格・前の勤務先と退職理由・能力・労働組合加入の有無などを細かく調べあげ報告していました。

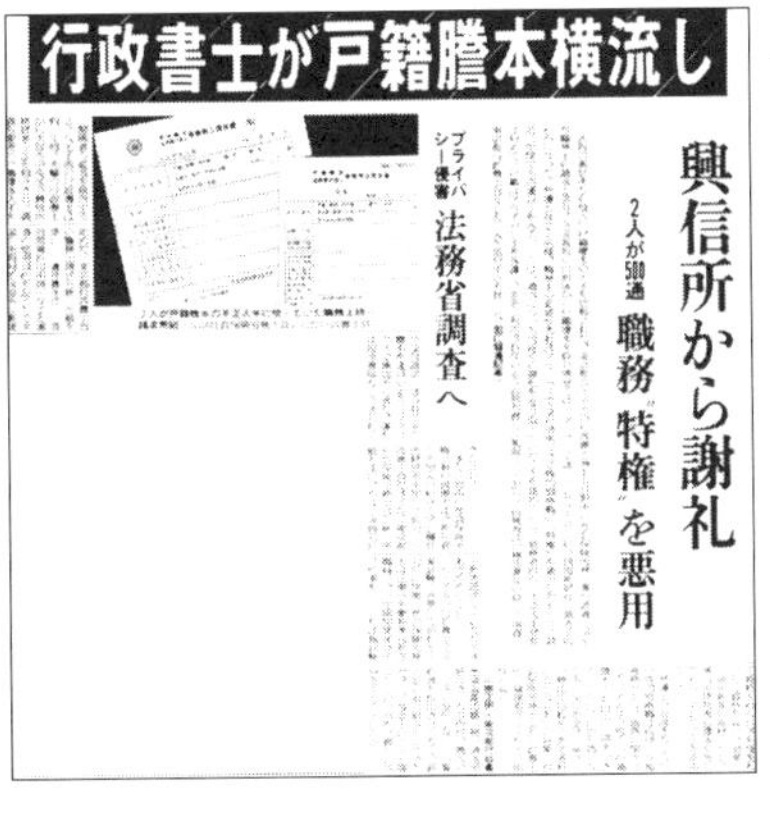
行政書士が戸籍謄本横流し
興信所から謝礼
2人が500通 職務"特権"を悪用
プライバシー侵害 法務省調査へ

戸籍謄本横流し事件を報じる新聞（一九八九年九月二一日　読売新聞）

出典）『写真記録全国水平社七十年史』

現在、数多くの興信所・調査会社がありますが、内部告発などによると、これらの業務の大部分は身元調査にかんするものと言われています。身元調査の結果のほとんどは、言うまでもなく結婚・就職での差別のために使用されているものです。

人権意識が高まるにつれて、身元調査も巧妙《こうみょう》におこなわれるようになっています。私たちが、隣人・職場の同僚の出身地・家族構成などについての問いあわせに気さくに答えたら、それが結果的に身元調査への協力であったなどということは、日常生活のなかでごくありうることなのです。

今もおこなわれている結婚差別

「部落地名総鑑」事件から三十数年たちましたが、差別につながる身元調査が今なおおこなわれています。こうした身元調査の事例をみると、現在でも結婚などにおいて、部落差別が存在することは明らかです。

一九九九（平成一一）年には、大阪市で看護士として働く女性が、同じ病院に勤務する男性医師と結婚を約束していたのですが、男性の両親が女性の身元調査をおこない結婚を破談《はだん》にするということがおこりました。男性の両親は両人の結婚にさいし、女性に履歴《りれき》・家族関係などを記した「釣書《つりがき》」を要求しました。そして、提供された「釣書」の内容について、興信所に調査を依頼したのです。依頼された興信所は、知り合いの金融業者を通じて大阪府警の警部補から、その女性の親族男性二人の住民票と戸籍謄本《とうほん》を横流しさせ、依頼者に「同和地区関係者」という調査報告書を渡していたのでした。

男性の両親は、女性の兄嫁の実家の地名が被差別部落と同じ地名であったことから、部落と関わりのある人とみなし、「部落と関わりのある人間とは結婚させられない」と、この結婚に反対したのです。結婚相手の女性は、部落出身者でなかったのですが、彼女の兄嫁の実家が被差別部落の「近く」ということで、部落と関わりのある人間とみなし結婚差別をしたのでした。この結婚差別事件では、市民の人権を守るべき警察官が捜査照会書を偽造《ぎぞう》し、戸籍謄本を不正に入手していたことが明らかになりました。警部補は逮捕され、懲戒免職《ちょうかいめんしょく》となりましたが、この警察官は一二年前からこうした便宜《べんぎ》をはかっていたと言うことです。

この事件を通して、部落出身者ではなくとも親族の住んでいるところが同和地区に「近い」という理由でも、結婚差別がおこなわれているという「現実」が明らかになりました。さらに、結婚にかかわって、「釣書」の要求が差別に結びついて

釣書の見本

釣書

緑風　太郎

昭和○○年○月○日生

本籍地　東京都文京区本郷一丁目一番一号
現住所　東京都文京区本郷二丁目一七番五号
学歴　平成○年　都立○○高校卒業
　　　平成○年　○○大学○学部○科卒業
職歴　平成○年○月　（株）緑風出版入社
身長○センチメートル、体重○キログラム
健康状態　良好　既往症なし
資格　普通自動車免許
趣味　読書、水泳
宗教　特になし。家　○○宗
父　緑風　一郎　昭和○○年○月○日生
　　（株）○○社　取締役
母　緑風　花子　昭和○○年○月○日生
　　専業主婦
弟　次郎
　　フリーター
義姉　三子　昭和○○年○月○日生
　　専業主婦
父の里　東京都文京区本郷一丁目一番一号
母の里　東京都港区赤坂一丁目一番一番

いることも明らかになったのです。

二〇〇一（平成一三）年には、兵庫県加古川市《かこがわ》で、一年間ほど交際していた部落出身の男性が、交際相手の女性の両親から部落出身者であることを理由に、結婚を拒否されました。男性が差別の不合理さを訴え説得したのですが、結局、その女性は両親の主張に従い、結婚にはいたらずに終わってしまいました。

二〇〇二（平成一四）年には、東京都内で結婚差別発言の被害者となった女性が、慰謝料請求訴訟《いしゃりょうせいきゅうそしょう》を東京地方裁判所におこしました。この女性の話によると、結婚相手の神社宮司《ぐうじ》の両親・姉三人は、この女性が部落出身者であることを理由に結婚に反対し、「子どもでも産ませたら部落民の子よ」「お宮の宮司が部落民をもらったなんて、世間に知れたら物笑いにされる」などと一九九九（平成一一）年に言いました。

以後も結婚差別発言に悩まされ続けた女性は、二〇〇〇（平成一二）年に区役所に相談し、その後、宮司と結婚しました。そして、結婚差別発言をした宮司の両親・姉三人に謝罪を求める提訴へといたったのです。

誰かの人権が侵されているとき、私たちの人権も侵されている

一九九七（平成九）年三月に特別措置法による同和対策事業は終了し、以後、対

策事業は一般施策のなかでおこなわることになりました。それにともない、マスコミなどで部落問題が取り上げられることも少なくなりました。

このような状況の変化のなかで、私たちも、もはや部落出身者であることを理由にした結婚差別が根絶《こんぜつ》したかのように、何となく思い込みがちですが、前記のような事例を見ると、結婚にかかわる差別が今もなお、根強く残されていることがわかります。

しかしその一方、部落解放運動の進展とともに、部落の環境改善ばかりでなく、教科書の無償配布、統一応募用紙の制定、身元調査の拒否、人権感覚の育成などさまざまな努力が進められきました（→Q21）。今後も差別根絶のために行政の果たす役割、国民一人ひとりの努力が望まれている現状ですが、解放運動の進展の結果、日本社会での人権保障も徐々に進んできていることについては確信を持ちたいと思います。

日本で解放運動がこれほど広範囲になされてこなかった場合、日本社会が象徴天皇制のもとで、現在ほどの人権保障と人権感覚、そして「反差別」という意識をもちえたかどうか、大いに疑問のあるところです。

「人権小国」「人権赤字国」として世界から現在よりももっと批判を浴びていた

ばかりでなく、私たちの人権そのものもないがしろにされていた社会であったことは、容易に推察できるかと思います。

私たちは、部落の人々の人権を守ることが私たちの人権を守ることに直結している、ということをどれだけ認識しているでしょうか。

「人権はすべての人が生まれながらにして持っているものである」と認識するとき、それは、誰かの人権が侵されているとき、私たちの人権も侵されているということを認識することなのです。

Q23 近世政治起源説はなぜ、否定されなければならないのですか？

部落史の見直しということを聞きます。近世政治起源説はなぜ、否定されなければならないのですか？　どこが問題なのですか？

部落史・部落問題を考えるうえで、さまざまな今日的課題があります。そのなかで、部落史の見直しがすすめられ、これまで教育現場・啓発書《けいはつしょ》などで通説となっていた近世政治起源説《きんせいせいじきげんせつ》が、否定されるようになっています。なぜ、近世政治起源説が誤りだというのでしょうか。

近世政治起源説とは前述したように（→Q14）、「武士が農工商の不平・不満をそらすために、より低い『えた・ひにん』という被差別（賤民）身分をつくった」、「農民から重い年貢を取り立てる必要のあった江戸幕府が『上を見て暮らすな、下を見て暮らせ』と民衆に教え込むために『えた・ひにん』という被差別身分をつくった」という説です。そのように教わったり、書かれた書物を読んだことはありませんか。

この説についてはQ14『『不満をおさえるために部落をつくった』というのは本当ですか」で論じましたが、この説は、被差別部落の起源についての誤った説である異民族起源説・宗教起源説を否定するうえで、大きな役割を果たしてきたものです。そのため、これまでの歴史の教科書、同和教育・行政の啓発パンフレットなどで説かれ続け、広められてきた説です。多くの人々が部落問題を学んださい、必ずと言っていいほど強調され、あたかも「絶対的な真理」であるかのように教えられたことと思います。

近世政治起源説は「輝かしい説」であった

今からみると近世政治起源説は、戦後も貧困のまま放置されている被差別部落の経済的な条件を改善するために、行政の責任を強く訴えるという側面を有する説でした。この説には「政治的な要因、すなわち『人口の大部分を占める農民の不平・不満をそらすため』に作られた部落差別は、行政の責任によって解消すべきである」という訴えが含まれていました。言い換えると、「為政者《いせいしゃ》によって作られた差別は、時代がかわろうとも為政者が解消への責任を有する」という訴えがあったのです。

異民族起源説・宗教起源説

異民族起源説は、部落の人々の祖先を古代中国・朝鮮からの渡来人、東北・北海道地方の「蝦夷《えみし》」などに求めるものである。この説は幕藩体制が動揺《どうよう》し身分制が崩れかけたときに、それまでの差別を合理化するために説かれ、明治以降の朝鮮支配政策による民族差別のなかでさかんに説かれ広められた。

これに対し宗教起源説は、西日本で部落の人々の多くが、仏教宗派のなかでも浄土真宗を信仰していることや、浄土真宗のすくない地域でも部落の人々の宗派が真宗であるケースが多いことから、宗派が部落外の人々と違い、そのために差別された、また、殺生《せっしょう》・肉食など宗教的な禁忌《きんき》この訴えは当時、異民族起源説などをもとに、あたかも異なる種族・異民族の子孫であるかのように扱われ、「貧困と差別」の重みのなかで苦しんできた部落の人々、そして部落問題の解決を求め続けてきた部落外の人々にも、解決への展望を切り開く「輝かしい説」でした。それゆえ、この説は被差別部落の環境改善事業の策定《さくてい》をうながす一方、同和教育での部落史学習のさいに「教えやすく分かりやすい」こともあり広められました。

しかし、この説は戦後の歴史学研究が現在ほど進展していないなかで説かれたもので、厳密《げんみつ》な歴史学研究の積み重ねをもとにした実証的な裏付けを有する説とは、言えない説でした。

親がどんなに偉大であろうともその子どもたちは、その偉大さを自覚しつつも、誤りがあった場合にはその誤りを指摘し、その誤りを超えて、未来への扉を開いていかざるを得ないものです。近世政治起源説と現在の研究状況は、それと似たような関係があると言っていいでしょう。

近世政治起源説で西と東の被差別部落の違いを説明できるのか

それでは、近世政治起源説のどこが問題なのでしょうか。このことを考えてみ

（タブー）を侵しているから差別された、と見る説である。

この二つの誤った説は現在でも、部落外の一部の人々に根強く信じられ、部落差別の口実となっている。

ましょう。

近世政治起源説で説くように、「武士が農工商の不平・不満をそらすためにより低い『えた・ひにん』という被差別身分をつくった」とすれば、近畿およびその周辺に被差別部落とその関係者が多く、東日本にそれらが少ない、というこれほどの実態・特色の差（→Q3・Q4）をどのように説明するのでしょうか。とくに人口の大部分を占めた農民の「不平・不満をそらすため」であれば、多少の偏差《へんさ》はあったにしろ、もっと全国的に農民数に応じた形がとられたと言えるでしょう。

近畿およびその周辺の被差別部落数と関係人口と、東日本のそれらとの差は、①平安中期に軍事力として組織された職能民である武士によって、鎌倉幕府以後に東国政権が樹立されたこと、②東国と、近畿およびその周辺との社会的な発展段階の相違、などが大きな要因となっていると考えられています。言い換えると、天皇を頂点とし、寺社の権力の強かった西国に対し、殺人をともなう戦闘集団であった武士が主体となった東国が、一定程度独自の道を歩んだことが反映されていると見るべきです。

東国においては、江戸期に「えた」身分とされていった戦国期の「長吏《ちょうり》」は、武家領主との密接な結びつきを有していました。「長吏」頭にいたっては、在地の

長吏

出典）『弾左衛門とその時代』

武士的性格が強く、武家領主の権力基盤を構成する一要素といってもよい存在であった、と考えられます。江戸幕府が支配のために、関東の「長吏」身分の人々を弾左右衛門の統制のもとにおき、組織したのも、そのような意味があったと言えるでしょう。

西国政権と東国政権の質的な相違と、西国と東国の被差別部落のあり方の相違との関連は、今後の研究課題ですが、その関連を見ていくうえで、中世社会が日本列島で均質に発展をしたのではなかったことを、もっと視野に入れる必要があります（網野善彦「『聖』と『俗』の境で」週刊朝日百科・日本の歴史76『賤民と王権』朝日新聞社参照）。

また、現在の被差別部落数と関係人口のこれほどの地域差は、中世社会での農業生産力の高さ、社会的分業の進展の度合いが、畿内およびその周辺と東日本とで異なることによるものであると考えられます。近畿およびその周辺は農業生産力が高く、早くから社会的分業も進み、近世以前に「近世被差別部落の源流」となる人々も数多く存在していました。すくなくとも、何もないところから権力が「『えた・ひにん』という被差別（賤民）身分をつくった」かのようにみることは、正しい見方とは言えません。

弾左衛門屋敷絵図

弾左衛門の屋敷は、賤民支配の役所もおかれていたため広大であり、敷地は七四〇〇坪（二四四二〇平方メートル）もあった。この絵図は明治初期のもので、門を入って正面に「軍靴製造所」が設けられたことがわかる。

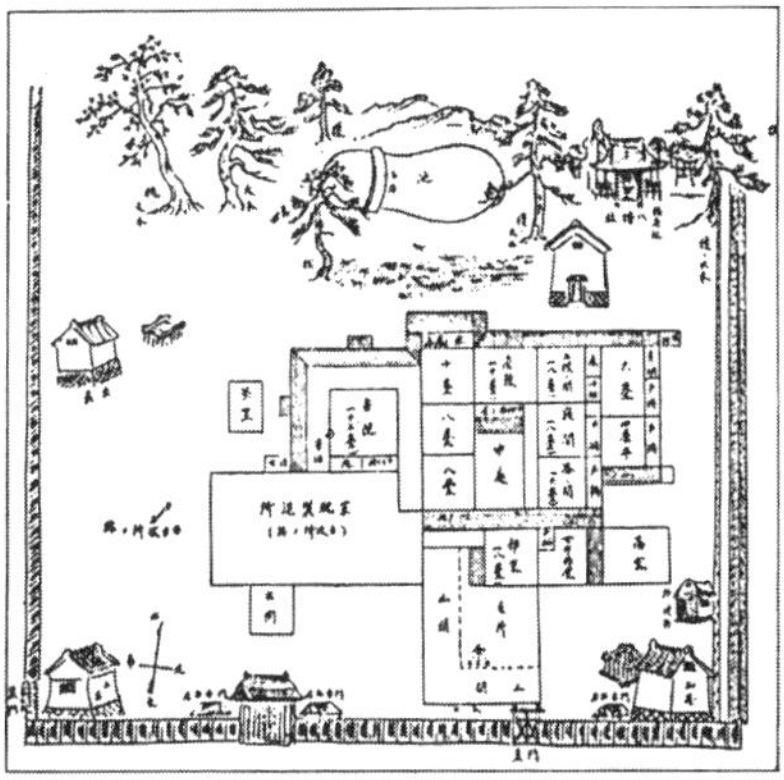

出典）『弾左衛門とその時代』

中世社会での慣習が制度化されたのが近世社会

　さらに近世において、「えた」身分の人々は死牛馬処理の仕事を強制的に課せられましたが、その一方、死牛馬が村々からでた場合に、それを処理し取得する一村ないしは数カ村におよぶ領域（草場《くさば》・職場《しょくば》とよぶ）を、独占的な「権利」としてもっていました。このような草場も、奈良県においては中世からの慣習として存在することが明らかにされています（上野茂編『被差別民の精神世界』明石書店参照）。その草場の権利は、地域によっては中世被差別民が排他的に独占していたのではなく、被差別民以外が収得していた場合もあったとはいえ、中世からの慣習を前提にして近世の「えた」身分の人々の「権利」へと引き継がれ、認められたものです。

　このような草場の多くも、近世の武士階級がいかに強力な政治権力を確立したとはいえ、恣意《しい》的に設定したわけではなく、在地慣行《ざいちかんこう》を継承《けいしょう》したものと見るべきです。

　幕藩体制では、中世民衆の闘いの結果、村の自治を一定程度公認し、村の秩序維持・治安維持、課せられた年貢の割付けなどは、村の自治的な運営にゆだねていました。幕藩領主層は、村と村との争いなどの最終的な調停《ちょうてい》権・裁判権を行使する

職場絵図

　江戸時代、部落ごとに決まっていた職場は、その範囲が数カ村程度のものから数十カ村におよぶものまでさまざまであった。これらのことも、近世の村の成立以前から、職場が設定されており、それが中世的な慣行としてそのまま存続したと考えることもできる。図は武蔵国川越周辺の職場絵図である。このような図から、職場の境界線は、川筋、寺社、橋、特徴のある地形などを目印にして結んでおり、いずれも村境とは一致しないのがわかる。

ことはあっても、村の内部まで立ち入って支配することはなく、近世の村においても、中世からの在地慣行が維持されました。

中世社会と異なり百姓身分のみで構成された近世の村は、幕藩領主層にとって、基本的に年貢徴収単位であり、年貢徴収機関にすぎなかったのです。

このほか、今日の被差別部落のなかには、近世に直接的な系譜があるばかりでなく、中世の被差別民居住地との連続性を有する伝承をもっているところもあります。各地での地域史研究の進展にともない、このような伝承が必ずしも誤りではなく、実証的な裏付けがなされるようになった地域もあります。

これらの被差別部落のなかには、戦国期にはもはや草場をもち、死牛馬処理をおこない、罪人の警固・移送などの仕事に携わっていたことや、社会的に賤視される存在であったことが明らかにされるようになっているところもあります。

このようなことからも、「近世権力が『えた・ひにん』という被差別身分をいきなりつくった」とは言えないのです。近世の『えた・ひにん』身分は、中世社会での被差別民との連続性を有する形で制度化されたものです。とくに近世の「えた」身分の場合は、前述したように「清め」＝「河原者」（そのなかでも「屠児」）＝「えた」→「かわた」という連続的な系譜があった、と考えるべきです（→Q12）。

近世社会では婚姻・交際も同一身分ごとにおこなわれていた

このほか、数多くの概説書などでは、近世政治起源説に基づき、「当時の支配者である武士階級（政治権力）から禁止され、強制されたために、身分を超えた結婚などをしなかった」という形で書かれてきましたが、これも正しい見方とは言えません。

というのは兵農分離・商農分離がおこなわれた近世社会は、武士身分は武士の社会、百姓・町人（商人・職人）は平人の社会、「えた・ひにん」などの被差別身分は被差別民の社会を形成し、婚姻・交際も同一身分ごとにおこなわれていた社会です。そして、農村で百姓身分の人々、「えた」身分の居住地が分かれていたばかりでなく、城下町でも武士の居住区域、町人の居住区域がそれぞれ区分けされていました。

また武士身分ばかりでなく、平人身分の人々も、自分たちの身分集団は彼ら「えた」身分の人々とは婚姻・同火・同食をしない集団である、とたがいに認識し、そうした行動をとることを了解しあっていました。「えた」身分の人々も平人身分の人々を「素人《しろうと》」とよび、自分たちは平人身分とは異なる、独自の集団と認識して

江戸時代の身分別人口構成（秋田藩）

この人口構成は、一八四九（嘉永二）年のものである。関山直太郎『近世日本の人口構造』。

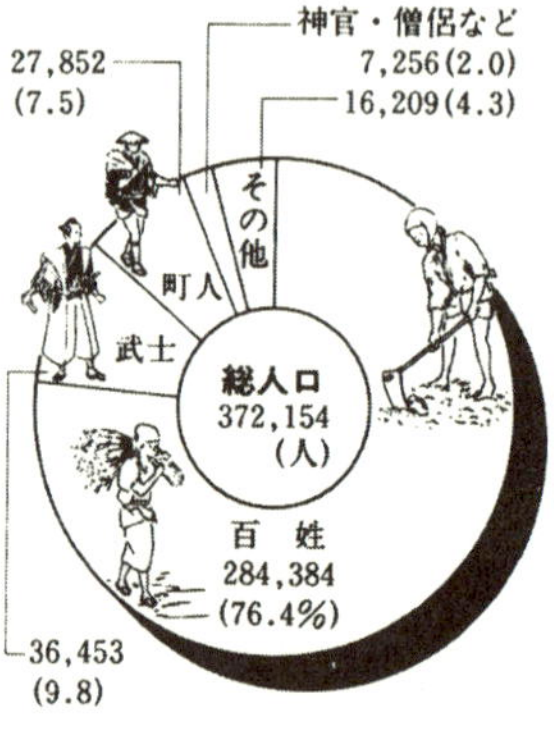

出典）高校日本史教科書（実教出版）

いました。

つまり、婚姻などをしなかったのは、権力によって禁止され、強制されたからという要因よりも、身分制の前近代の社会に生きた人々が、中世の時代から一般的な「社会のしきたり」として作り上げたもので、それが近世社会になっても維持された、と見るべきです。このような一般的な「社会のしきたり」が作り上げられたのは、被差別身分、そのうちとくに「えた」身分の人々を「ケガレ」を有する人々として武士身分、平人身分が扱い、そこに貴賤観念《きせんかんねん》や「血脈は一度穢れては清きこと叶わず」といった血筋・家筋観念も加わるようになっていったためです（→Q11）。

それが江戸期には、より強められていったのです。その背景には、江戸期になると、①〈武士―平人―賤民〉という身分が制度化されたこと、②「文明」化が進み、聖なる世界が俗世界に圧倒されていったこと、③元禄期に家意識が富農層ばかりでなく、中農レベルでも確立され、以後、大多数の人々が「家」の存続を第一に考え行動することが社会的な規範になったこと、などがあげられます（→Q13）。


近世政治起源説は貧しい人間観を育ててきたのではないか

また、近世政治起源説はつきつめると、分断支配論です。この説は「『上をみて暮らすな、下をみて暮らせ』と教え込まれ、それに従うほど愚かな存在が民衆である」と認識することにつながる考え方です。すなわち「私たち一人ひとりの人間というものは、どんなに差別するなといわれようとも、本質的に差別されている者、悲惨な者がいると安心し喜ぶもんだ。人間というのはそういうもんだよ」と認識することにつながる考えと言えるでしょう。

しかし、民衆は江戸時代ばかりでなくいつの時代でも、「上をみて暮らすな、下をみて暮らせ」と教え込まれ、それに従うほど愚かな存在ではありませんでした。むしろ、歴史をトータルにみれば、民衆はそれぞれの時代ごとに社会の発展の原動力となり、人権が大切にされる社会を築きあげてきた存在です。このことも正しく認識しておく必要があります。

近世政治起源説を否定するばかりではなく、前近代には「えた」「ひにん」の歴史はあるが「部落史」は存在しないとし、「部落史」という枠組みそのものも否定する畑中敏之さんは、分断支配論が「非常で固定的で機械的な人間の見方をもとにした議論」(畑中敏之『「部落史」の終わり』かもがわ出版参照)ということを主張しています。

畑中敏之さんは、被差別部落を近代以降の社会問題の産物の一つとし、その歴史も近代に起点をおくべきだという考えに基づき、これまでの「部落史」という枠組みそのものを否定しているのですが、このことへの賛否はさておき、近世政治起源説がいままでもっていた意味、すなわちその貧しい人間観についての指摘は否定できないでしょう。

もうやめよう、近世政治起源説

人権尊重をねらいとしておこなわれている現在の同和教育、そして歴史教育のなかで、このように一面的で貧しい人間観を育てているならば、それは真に「人権尊重に寄与する教育」とは言えません。このことについては、これまでの同和教育・歴史教育がこうした視点で教えてきたことの責任と反省を求められている、といっても過言ではないでしょう。

とくに厳密な歴史学研究の成果の上にたっておこなわれなければならない歴史教育が、いつまでたっても「教えやすく分かりやすい」という視点からこの説をとり続けるならば、「真の主権者」に育てる道とは逆の道を歩んでいることになります。

このようなことを踏まえると、これまで近世政治起源説が果たしてきた役割の大きさとその意義を認めたうえで、「もうやめよう、近世政治起源説」というべき段階にいたっているのです。これは、このままこの説で部落問題・部落史を考えるのは、歴史学的には正しい認識と言えないからです。

このようなかで、歴史教科書においても、近世政治起源説にもとづいたこれまでの記述を削除したり、本書と同様に、中世社会に被差別部落の起源をおいた記述も多く見ることができるようになりました。これは、このような最近の研究状況を反映したものなのです。

Q24 歴史教科書での身分制・被差別民の記述は、変わったのですか?

身分制や被差別民については、今まで認識してきたこととはだいぶ違う、ということがわかりました。では、歴史教科書での記述は、どうなっているのですか?

学習指導要領の改定ともない新教育課程が実施され、それにともなって教科書も二〇〇二年から新しくなりました。この改定では文部科学省が「ゆとり教育」というスローガンを掲げ、教科の指導内容をおよそ三割削減しました。その結果、「学力低下」をきたすだけである、恵まれた家庭の子どもと恵まれない家庭の子どもの「機会不平等」を容認している、私立学校と公立学校の格差《かくさ》が広がる、などの批判もおこり波紋《はもん》を呼びました。

そのなかにあって、歴史教科書での身分制度や被差別民についての記述は、変化したのでしょうか。多くの人になじみの深い中学生用歴史教科書で、その変化の様子を見てみましょう。

その記述の変化が具体的にわかりやすい歴史教科書として、帝国書院の中学校歴史教科書をあげておきます。

帝国書院版では、二〇〇二年以前に使用されていた教科書には「身分制度の確立と農民・町人の統制」という項目が設定されていました。そのなかでまず、「士と農工商の身分制」という小見出しで「幕府は、強固《きょうこ》な武士の支配を保ちつづけるために、秀吉が定めた身分制を強化し、武士を高い身分におき、支配される農工商の身分との間に、大きな差をつけました。そのため、武士はとうとい身分とされたのに対し、農工商は低い身分として固定され、厳しい統制に従うことになりました」と記していました。

そして、続けて「差別される身分の人々」という小見出しで「幕府と藩は、農工商よりもさらに下に、えた・ひにんとよばれる身分をおき、村や町のはずれ、河原、あれ地などに住まわせました。……これらの身分をおいたのは、重い負担ときびしい統制に苦しむ農民・町人の不満をそらす役割と、差別された身分の人と農民・町人を分けることで、一つにまとまらないようにするため、と考えられています」と記述していました。

この記述は、それまで、多くの人々が学んだ内容と同じものであることがわかります。

劇的に変化した歴史教科書の記述

帝国書院版の新教科書では、この部分が全面的に改められ、「身分社会のしくみ」という項目になりました。そのなかでまず、「身分制度」という小見出しで次のように記されるようになりました。

> 江戸時代、幕府と藩による支配が長く続いたもう一つの理由は、幕府が、豊臣秀吉の時代の武士と農民を区別する政策（兵農分離）をさらにすすめ、武士を支配者とし、百姓・町人を支配の基礎にする身分制度をかためたことです。身分に応じて社会のなかで役割をはたすことが求められました。この過程で、百姓・町人に入れられなかった一部の人が被差別身分とされました。
>
> 武士は、名字・帯刀などの特権をもち、武力をもって政治を行う支配者の身分とされましたが、人口の大部分をしめたのは百姓であり、農業や漁業・林業をにないました。……町人は農民より税の負担が軽かったので、商人がしだいに富をたくわえ、経済面では武士を圧倒していくようになりました。

帝国書院版中学校歴史教科書表紙
二〇〇二年四月より全国で使用。各社とも、旧版にくらべ、A5版からB5版へと大型化し、ヴィジュアル化が進んだ。その一方で右派勢力の教科書攻撃により、「慰安婦」記述が削除されるなど、日本の戦争加害の記述が後退した。

さらに「差別された人々」というコラムを設け、次のように記述しています。すこし長いのですが、注目すべき記述なので、コラム全文をあげておきます。

近世の社会にも、死をけがれとするなど、人間がはかりしれないことをおそれる傾向が強くあり、それにかかわった人々が差別されました。もっとも、死にかかわっても、僧侶や処刑役に従事した武士などは差別されなかったわけですから、差別が非合理的なものであることは理解しておく必要があります。

差別された人々は、地域によってはさまざまに存在していました。このうち、えた・ひにんとよばれた人々などは、江戸時代中期から幕府や藩が出すおふれなどによって、百姓・町人とは別の身分と位置づけられました。これによって差別は、さらに強化されました。

えたとよばれた人々は、農林漁業を営みながら、死牛馬からの皮革の製造、町や村の警備、草履づくり、竹細工、医薬業、城や寺社の清掃などに従事しました。ひにんと呼ばれた人々は、町や村の警備、芸能などに従事しました。これらの人々も社会的に必要とされる仕事や役割・文化をになってきたのです。

さらに、このコラムのなかで参照ページが記され、その参照ページをみると、「庶民《しょみん》のあいだに広がった文化」という項目で中世の文化が紹介されています。そこにも「けがれと河原者」というコラムが設けられています。

このコラムでは「現在は、よごれることをけがれといいますが、むかしは天変地異《てんぺんちい》・死・病気・火事・犯罪などをけがれといいました。けがれをおそれる観念は、平安時代から強まりますが、そのため、けがれを清める力をもつ人々が必要とされました。しかし、かれらは同時に異質な存在として、のけ者あつかいされるようになります」と記し、「ケガレ」とそれにかかわる人々の説明をしています。

2. 身分社会のしくみ

①金沢の町(左，地図)と②町を行きかう人々(上)(「金沢城下図屏風」石川県立歴史博物館蔵) 「加賀100万石」といわれた加賀藩の城下町がえがかれています。金沢城を中心に武家屋敷があり，その周囲に町人たちの住んでいる町があります。寺社は寺社でまとまっています。各大名の城下町もみな，同じような分け方がされていました。

武士の土地
町人の土地
百姓の土地
寺社の土地
卯辰山
金沢城

上の絵のなかにはどんな身分の人がいるか，さがしてみましょう。

身分制度

江戸《えど》時代，幕府《ばくふ》と藩《はん》による支配が長くつづいたもう一つの理由は，幕府が，豊臣秀吉《とよとみひでよし》の時代の武士と農民を区別する政策(**兵農分離**)をさらにすすめ，武士を支配者とし，百姓・町人を支配の基礎とする身分制度をかためたことです。身分に応じて社会のなかで役割をはたすことが求められました。この過程《かてい》で，以前から百姓・町人に入れられていなかった一部の人々が被差別《ひさべつ》身分とされました。

武士は，名字《みょうじ》・帯刀《たいとう》などの特権をもち，武力をもって政治を行う支配者の身分とされましたが，人口の大部分をしめたのは百姓であり，農業や漁業《ぎょぎょう》・林業などをにないました。

百姓身分のほとんどは農民で，農地をもち年貢《ねんぐ》をおさめる本百姓と，耕地をもたない水呑《みずのみ》百姓に分かれていました。収穫の40〜50%にもなる年貢によって，武士たちの生活がささえられていたので，幕府と藩は，農民の数が減らないようにと，農民の生活に細かい指示をだしました。また，農家5〜6戸を一組にして五人組をつくらせ，村の有力者を村役人にして，村の運営にあたらせました。

差別された人々 1
公家・神官・僧侶など 2
町人 6
武士 7
百姓 84%
総人口約3080万人

③江戸時代における身分別の人口構成〈関山直太郎「近世日本の人口構造」〉

108

差別された人々

近世の社会にも，死をけがれとするなど，人間がはかりしれないことをおそれる傾向が強くあり，それにかかわった人々が差別されました。もっとも，死にかかわっても，僧侶《そうりょ》や処刑役《しょけいやく》に従事した武士などは差別されなかったわけですから，差別が非合理的なものであることは理解しておく必要があります。

差別されてきた人々は，地域によってさまざまに存在していました。このうち，えた・ひにんとよばれた人々などは，江戸時代中期から幕府《ばくふ》や藩《はん》が出すおふれなどによって，百姓・町人とは別の身分と位置づけられました。これによって差別は，さらに強化されました。

えたとよばれた人々は，農林漁業を営みながら，死牛馬からの皮革《ひかく》の製造，町や村の警備，草履《ぞうり》づくり，竹細工《たけざいく》，医薬業，城や寺社の清掃《せいそう》などに従事しました。ひにんと呼ばれた人々は，町や村の警備，芸能などに従事しました。これらの人々も社会的に必要とされる仕事や役割・文化をになってきたのです。

一方，町人身分は商人と職人《しょくにん》からなり，城下町などの都市に住みました。町人のなかから選ばれた町役人が，町奉行《まちぶぎょう》の監督のもとで，町の運営にあたりました。町人は農民より税の負担が軽かったので，商人がしだいに富をたくわえ，経済面で武士を圧倒《あっとう》していくようになりました。

忠義についてはP.33の「儒教の影響」のなかでもあつかっていたね。もう一度読んでみよう。

家制度と女性の地位

こうしてできあがった社会秩序《ちつじょ》を維持《いじ》するために，江戸時代の日本では，「忠義《ちゅうぎ》」ということを重視しました。「お家」を守るために，妻は，親にそむいてでも夫に従うことが要求され，老いては子に従うことが求められていきました。このように，妻を夫に従う存在とし，何よりも主人への忠義を重んじる家制度は，商人の家での主人と奉公人《ほうこうにん》の関係や，職人の親方と弟子の関係などにも広がっていきました。しかも，財産や家業などが，家長《かちょう》から長男《ちょうなん》1人に受けつがれることになったため，弟や女性の地位は極端《きょくたん》に低くあつかわれるようになり，男尊女卑《だんそんじょひ》の風潮《ふうちょう》が社会に根づいていきました。

④分けられた男女の席〈「[illegible]」東京都立中央図書館蔵〉 男らしさと女らしさが強調されるようになり，座席も別々にされました。

この時代の村や町の運営はどのようなかたちで行われていたのか，表にかいて説明してみましょう。

109

帝国書院版中学校歴史教科書での記述

2002年4月より使用された教科書では、「身分社会のしくみ」という項目で、「身分制度」、コラム「差別された人々」、「家制度と女性の地位」という内容構成になっていた。

劇的な変化は最新の研究成果を反映したことによる

帝国書院版の新教科書は、旧版の記述にくらべ、劇的に変化した記述になっていることがわかります。人口の大部分をしめた人々を「農民」とせずに、「百姓」と記述するなど研究成果を意識した記述になっています。また、「差別された人々は、地域によってはさまざまに存在していました。このうち、えた・ひにんとよばれた人々などは、……」という記述は、現在、江戸期の被差別民にも「えた」・「ひにん」にかぎらず「雑賤民」とよぶ、さまざま人々が含まれていることが明らかにされていますが、このことを意識した記述と言えます。

また、「えた」・「ひにん」・「雑賤民」とよぶさまざまな被差別民は、死牛馬処理、皮革加工に従事する人々、医者・芸能者・ハンセン病者・宗教者など多様な職種の人々です。これら多様な職種の人々がなぜ被差別民として共通にくくられるのでしょうか。その共通するものとして「ケガレ」ということが重要視され注目されるようになっています。

中世の時代から、死・病・闇・未来・誕生・自然など「人間がはかりしれない」未知で恐ろしい領域にかかわる宗教的・呪術《じゅじつ》的な技能を専門的にもった人々が存在していました。これらの人々は「ケガレ」をおそれずそれを処理できる特別な存在として尊敬しおそれられる（「畏怖《いふ》」という）一方、百姓・町人とは異なる社会を形成する「けがれ」た人々として扱われ、差別を受ける存在でした。

帝国書院の新教科書での「ケガレ」とそれにかかわる人々の説明、「近世の社会にも、死をけがれとするなど、人間がはかりしれないことをおそれる傾向が強くあり、それにかかわった人々が差別されました」という記述は、このような研究の動向や、これまでに明らかにされた最新の研究成果を反映したものであり、意欲的な記述と言えるでしょう。

江戸期の社会の特質と身分制の記述

さらに、帝国書院の新教科書では、「身分に応じて社会のなかで役割をはたすことが求められました。この過程で、百姓・町人に入れられなかった一部の人が被差別身分とされました」という記述で、江戸期の社会の特質と身分制との関連を述べています。

ここでは、「江戸幕府が豊臣秀吉の身分政策を受け継ぎ、村に住む人々を百姓身分、町を基盤《きばん》に生活している商工民を町人身分として掌握《しょうあく》し、その身分に応じはたすべき役割を定め、村ごと・町ごとに年貢や営業税を徴収する村請《むらうけ》・町請《まちうけ》という方法で支配していった。そのさい、村ごと・町ごとに掌握されていった人々と異なる人々が存在し、それらの一部の人々が集団ごとに『ケガレ』にかかわる特定の職務・役目（「役《やく》」）を果たす人々として、被差別身分にされていった」と言いたいのではないかと思います。

確かに江戸時代の社会は、人々が職業・居住地などで集団ごとに特定の身分に組織され、それぞれがその身分にともなう「役」を負担することによって成立していた社会でした。

武士身分の者は与えられた領地、あるいは米・貨幣に応じた軍役《ぐんやく》（武士役）を課せられ、戦場で主従関係をもとにした戦いを義務づけられていました。百姓身分の者は田畑に課せられる年貢などのほかに、道路・河川の普請《ふしん》などに従事する百姓役が課せられました。武士の支配を補完するために、城下町で営業を営む町人（商工業者）には営業税としての運上《うんじょう》・冥加金《みょうがきん》が課せられました。職人の場合はその技術の提供（のち金銭で代替）、商人の場合は金銭の提供が町人役でした。これは、「えた（かわた、長吏）」身分でも同様で、農村で耕作を主としている「えた」身分の人々には田畑に課せられる年貢などのほかに、死牛馬処理、犯罪人の処刑の手伝い

歴史教科書

中学校歴史教科書では、東京書籍・大阪書籍・帝国書院・教育出版・清水書院・日本文教出版・日本書籍新社・扶桑社の八社がそれぞれ教科書一点を発行している。二〇〇六年用の採択率は①東京書籍（五二・四％）、②大阪書籍（一五・六％）、③帝国書院（一四・八％）の順となっている。教育を通じて憲法改定・「戦争のできる国」をめざし、採択率一〇％を目標に右派勢力が支援してきた扶桑社版教科書は、〇・四％（約五〇〇〇冊）の採択率にとどまった。

高校日本史教科書には、標準・週二時間（二単位）で近現代史を学習する「日本史A」用教科書と、標準・週四時間（四単位）で古代から現在までを学習する「日本史B」用教科書の二種類がある。二〇〇六年

などのかわた役が課せられました。

将軍も国家を構成する一要素として、国内の平和維持、対外的には国土防衛という役を果たすべき存在とされました。天皇もまた、幕藩制による支配を正当化し権威づけることが果たすべき役である、とみなされたのです。

天皇・将軍を頂点に武士・百姓・町人そして賤民まで、それぞれが国家に対する役を負担しつつ、集団ごとに生業を営むのが江戸時代の社会の特質であり仕組みでした。このような社会の特質と仕組みは、豊臣秀吉政権によって形成され、徳川政権が受け継いだものです。

このようなことを考慮すると、帝国書院の新教科書での「身分に応じて社会のなかで役割をはたすことが求められました」という記述も、これまでの近世史の研究成果を受けた、意欲的な記述と言えるでしょう。ただし、学習者には「身分社会のしくみ」とあるように、まず江戸期の身分制がどのようなものであったかを理解させることが大切でしょう。とすればかぎられた字数のなかでは、被差別民にかんする記述をもっと簡略にするなどの方法をもちいても、この内容をもっとわかりやすく丁寧に説明し、中学生に「江戸期の社会の特質と身分制のしくみ」そのものがわかるような記述にするべきだったと言えます。

用に、「日本史A」用教科書は六社七点が発行され、「日本史B」用教科書は七社一一点が発行されている。二〇〇六年用の会社ごとの採択率は、「日本史A」では①山川出版(二点、三二・七%)、②第一学習社(一点、一八・六%)、③東京書籍(一点、一八・二%)、「日本史B」では①山川出版(三点、六六・八%)、②実教出版(二点、一二・六%)、③東京書籍(二点、九・〇%)となっている。

近世政治起源説的な記述の根強さ

ただし、帝国書院版の新教科書が劇的に変化したのに対し、旧来の記述を踏襲している中学生用の新教科書もあります。

清水書院版では「身分制度」という小見出しで、次のように記述しています。

　こうして江戸時代には武士と農民、町人（商人・職人）の身分と、さらにえた・ひにんという身分がおかれ、すべての人びとが、身分・職業・居住地を固定され、社会的な上下関係に組み込まれていた。

　身分制度には、民衆をさまざまな身分に分けることによって分断させて支配するという役割があった。支配者としての武士が、とくに農民に自分たちより下の身分があると思わせることで、武士に対する不満をそらし、年貢を確保しようとしたと考えられている。

教育出版の新教科書でも「差別された身分」という小見出しのなかで、「民衆のなかには、農工商とは別に、えた・ひにんなどの身分があり、農工商より低い身分とみなされた。これらの身分が設けられたために、民衆は武士の特権や重い負担への不満から目をそらされたりした」と記述されています。

日本文教出版の新教科書でも同様に「こうした政策は、農民や町人に、別の身分があると知らせて、武士への不満をそらし、幕府や藩の支配を確立するのに役立ったと考えられる」と記述されています。

「従来の教科書は、日本の戦争加害ばかりを取り上げている自虐史観《じぎゃくしかん》だ」、「自国の歴史を誇れるような教科書にすべきだ」と主張し、「新しい歴史教科書」という名前で刊行されたのが扶桑社版の教科書です。この扶桑社版では近世の身分制について「武士と百姓と町人という身分を定めた。……このほか、僧侶や神職、さまざまな芸能にたずさわる人々がいた」と記述してあります。そして、近世の被差別民(賤民)については続けて、次のように記述しています。

こうした身分とは別に、えた・ひにんとよばれる身分が置かれた。これらの身分の人々は、農業や死んだ牛馬の処理、皮革製品や細工物の製造に従事し、特定の地域に住むことが決められるなど、きびしい差別を受けた。このような差別によって、百姓や町人に自分たちとは別の恵まれない者がいると思わせ、不満をそらせることになったといわれる。

このように読み比べてみると、これらの新教科書では、近世の賤民記述はどれもこれも似たような表現になっており、特に「武士に対する不満をそらす」という表現が記述のポイントになっています。新たに刊行した扶桑社版教科書も、他社のこれまでの記述を参考にするなかで、「武士に対する不満をそらす」という表現を、記述のポイントにして執筆《しっぴつ》した、と考えることができます。

これらは帝国書院版と異なり、若干の手直しをしつつ、近世政治起源説を踏襲しています。これらをみると、いかに近世政治起源説的な記述が根強いかということがわかります。

しかし、帝国書院版の新教科書ほど劇的に変化していないとは言え、他社の教科書でも帝国書院版と同様に、近世政治起源説的な記述をもはやしていない例もあります。

修正・削除されつつある近世政治起源説的な記述

大阪書籍の中学校歴史教科書では、「幕府は、武士の支配を続けていくために秀吉の身分制をひきついで、武士と、百姓・町人という身分制を全国にゆきわたらせました。………さらに百姓・町人のほかに、『えた』や『ひにん』などとよばれる身分がありました。………こうした身分制は武士の支配に都合よく利用され、その身分は、原則として親子代々受けつがされました」と記しています。これは「身分制は結果として武士による支配に利用され継承された」ということを言っているだけです。

日本書籍の中学校歴史教科書では、「農民・町人以下の身分とされたのが、えた・ひにんである。………これらの人々は、町や村のはずれに住み、農家や町家の軒先から中に入れないなどの差別を受けた。また、幕府や藩から犯人の逮捕や処刑などの役につかされた。このような差別のもとにあっても、えた・ひにんは助け合ってくらしていた」と記しています。これは、近世政治起源説的な記述を排除《はいじょ》した、被差別民への差別内容に重点をおいた記述です。ただし、「このような差別のもとにあっても、えた・ひにんは助け合ってくらしていた」という記述は、百姓・町人でも同様に「助け合ってくらしていた」と言えば言えるわけですので、ことさら記す必要もない表現と言えます。

東京書籍の中学校歴史教科書では、二〇〇二年以前には「身分は、武士と百姓と町人とに分けられ、また『えた』や『ひにん』とよばれる低い身分も置かれた。……このような差別政策は、百姓や町人に、自分より下層の者がいると思わせたり、反感をもたせ、その不満をそらすことに利用されたと考えられる」と記述していました。

それが二〇〇二年から使用される新教科書で改められ、「置かれた」という誤解《ごかい》の多い表現が削除《さくじょ》されたばかりでなく、「百姓と町人とは別にえた・ひにんなどのきびしく差別されてきた身分の人々もいました」と記述しています。

「差別された」ではなく「差別されてきた」という記述には、江戸幕府が被差別身分をいきなりつくったのではなく、中世被差別民の存在を前提にして近世被差別身分が存在するにいたった、ということを含んだ表現だと言えるでしょう。ただし、限られた字数のなかで、このように記述しているため、その意図を伝えきれていないと言えます。

二〇年後・三〇年後の評価では

中学校歴史教科書自体は、二〇〇六年より改訂・使用され、一部の字句・図版が修正・削除されたりしていますが、これまでの研究成果を反映し、各社とも近世

帝国書院版中学校歴史教科書表紙
二〇〇二年版を一部改訂し、二〇〇六年四月より全国で使用。

政治起源説的な記述は、大幅に削除したり修正を余儀なくされています。

前出の清水書院版では、「身分制度には、民衆をさまざまな身分に分けることによって分断させて支配するという役割があった。支配者としての武士が、とくに農民に自分たちより下の身分があると思わせることで、武士に対する不満をそらし、年貢を確保しようとしたと考えられている」という記述が丸ごと消え、「こうした身分制度は、武士の支配につごうよく利用され、その身分は、原則として親子代々受けつがれた」という記述に変更されています。

前出の教育出版版でも、「民衆は武士の特権や重い負担への不満から目をそらされたりした」という記述は丸ごと消えました。

そのなかで、帝国書院の新教科書では項目名が「身分社会のしくみ」から「身分制度のもとでのくらし」へと変更され、「身分に応じて社会のなかで役割をはたすことが求められました」という記述は、削除されています。

東京書籍の「百姓と町人とは別にえた・ひにんなどのきびしく差別されてきた身分の人々もいました」との記述も、「百姓と町人とは別にえた身分、ひにん身分などの人々もいました」という記述に改められています。

両社のこれらの記述の変更・削除は、中学生が読んだだけでは、その内容が理

東京書籍版中学校歴史教科書表紙
二〇〇二年版を一部改訂し、二〇〇六年四月より全国で使用。採択率が圧倒的で、全国の中学生のおよそ二人に一人が使用。

解できない、という判断がなされたと考えられます。

いずれにしろ、「中学生用の歴史教科書での身分制と被差別民に関する記述では、二〇〇二年を境に、大幅《おおはば》に改められた教科書が登場した。その後、どの教科書でも近世政治起源説的な記述は、大幅に削除したり修正している」と言える段階にいたっています。

二〇年後、三〇年後に振り返ってみると、中学生の歴史教科書では二〇〇二年、二〇〇六年の歴史教科書から近世政治起源説的な記述は消えた、と評価されることになるのではないかと思います。

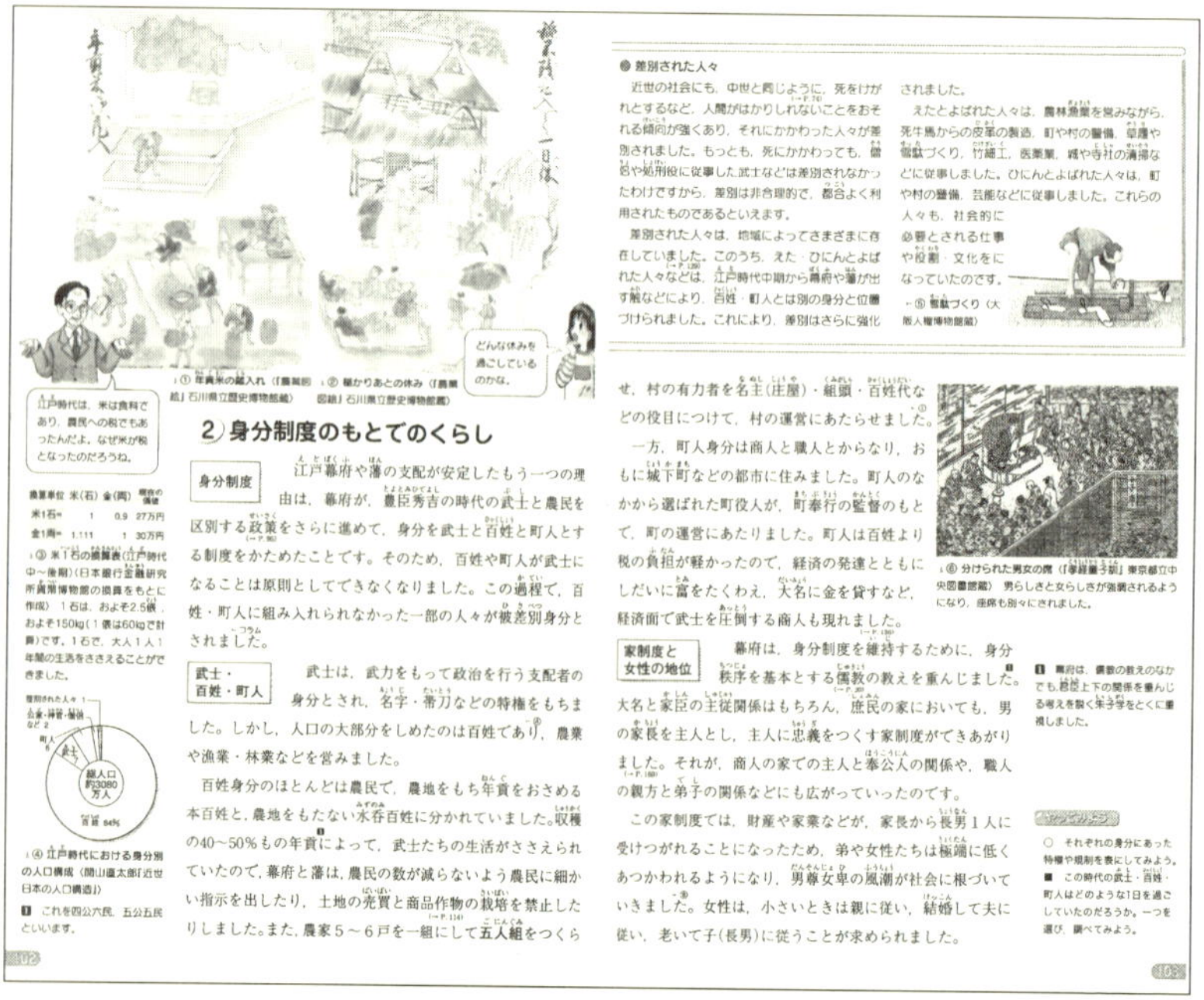

↑① 年貢米の蔵入れ（『農業図絵』石川県立歴史博物館蔵）　↑② 稲かりあとの休み（『農業図絵』石川県立歴史博物館蔵）

換算単位	米(石)	金(両)	現在の価値
米1石=	1	0.9	27万円
金1両=	1.111	1	30万円

↑③ 米1石の換算表（江戸時代中～後期）（日本銀行金融研究所貨幣博物館の換算をもとに作成） 1石は、およそ2.5俵、およそ150kg（1俵は60kgで計算）です。1石で、大人1人1年間の生活をささえることができました。

↑④ 江戸時代における身分別の人口構成（関山直太郎『近世日本の人口構造』）

❶ これを四公六民、五公五民といいます。

2) 身分制度のもとでのくらし

身分制度　江戸幕府《えどばくふ》や藩《はん》の支配が安定したもう一つの理由は、幕府が、豊臣秀吉《とよとみひでよし》の時代の武士《ぶし》と農民を区別する政策《せいさく》をさらに進めて、身分を武士と百姓《ひゃくしょう》と町人とする制度をかためたことです。そのため、百姓や町人が武士になることは原則としてできなくなりました。この過程《かてい》で、百姓・町人に組み入れられなかった一部の人々が被差別《ひさべつ》身分とされました。

武士・百姓・町人　武士は、武力をもって政治を行う支配者の身分とされ、名字《みょうじ》・帯刀《たいとう》などの特権をもちました。しかし、人口の大部分をしめたのは百姓であり、農業や漁業・林業などを営みました。

百姓身分のほとんどは農民で、農地をもち年貢《ねんぐ》をおさめる本百姓と、農地をもたない水呑《みずのみ》百姓に分かれていました。収穫《しゅうかく》の40～50%もの年貢❶によって、武士たちの生活がささえられていたので、幕府と藩は、農民の数が減らないよう農民に細かい指示を出したり、土地の売買《ばいばい》と商品作物の栽培《さいばい》を禁止したりしました。また、農家5～6戸を一組にして五人組《ごにんぐみ》をつくらせ、村の有力者を名主《なぬし》(庄屋《しょうや》)・組頭《くみがしら》・百姓代《ひゃくしょうだい》などの役目につけて、村の運営にあたらせました。

一方、町人身分は商人と職人とからなり、おもに城下町《じょうかまち》などの都市に住みました。町人のなかから選ばれた町役人が、町奉行《まちぶぎょう》の監督《かんとく》のもとで、町の運営にあたりました。町人は百姓より税の負担《ふたん》が軽かったので、経済の発達とともにしだいに富《とみ》をたくわえ、大名《だいみょう》に金を貸すなど、経済面で武士を圧倒《あっとう》する商人も現れました。

家制度と女性の地位　幕府は、身分制度を維持《いじ》するために、身分秩序《ちつじょ》を基本とする儒教《じゅきょう》の教えを重んじました❶。大名と家臣《かしん》の主従《しゅじゅう》関係はもちろん、庶民《しょみん》の家においても、男の家長《かちょう》を主人とし、主人に忠義《ちゅうぎ》をつくす家制度ができあがりました。それが、商人の家での主人と奉公人《ほうこうにん》の関係や、職人の親方と弟子《でし》の関係などにも広がっていったのです。

この家制度では、財産や家業などが、家長から長男《ちょうなん》1人に受けつがれることになったため、弟や女性たちは極端《きょくたん》に低くあつかわれるようになり、男尊女卑《だんそんじょひ》の風潮《ふうちょう》が社会に根づいていきました。女性は、小さいときは親に従い、結婚《けっこん》して夫に従い、老いて子(長男)に従うことが求められました。

● 差別された人々

近世の社会にも、中世と同じように、死をけがれとするなど、人間がはかりしれないことをおそれる傾向《けいこう》が強くあり、それにかかわった人々が差別されました。もっとも、死にかかわっても、僧侶や処刑役に従事した武士などは差別されなかったわけですから、差別は非合理的で、都合《つごう》よく利用されたものであるといえます。

差別された人々は、地域によってさまざまに存在していました。このうち、えた・ひにんとよばれた人々などは、江戸時代中期から幕府や藩が出す触などにより、百姓・町人とは別の身分と位置づけられました。これにより、差別はさらに強化されました。

えたとよばれた人々は、農林漁業を営みながら、死牛馬からの皮革《ひかく》の製造、町や村の警備、草履《ぞうり》や雪駄《せった》づくり、竹細工《たけざいく》、医薬業、城や寺社《じしゃ》の清掃《せいそう》などに従事しました。ひにんとよばれた人々は、町や村の警備、芸能などに従事しました。これらの人々も、社会的に必要とされる仕事や役割《やくわり》・文化をになっていたのです。

←⑤ 雪駄づくり（大阪人権博物館蔵）

↑⑥ 分けられた男女の席（『孝経童子訓』東京都立中央図書館蔵） 男らしさと女らしさが強調されるようになり、座席も別々にされました。

❶ 幕府は、儒教の教えのなかでも、君臣上下の関係を重んじる考えを説く朱子学《しゅしがく》をとくに重視しました。

○ それぞれの身分にあった特権や規制を表にしてみよう。
■ この時代の武士・百姓・町人はどのような1日を過ごしていたのだろうか。一つを選び、調べてみよう。

帝国書院版中学校歴史教科書での記述

2006年4月からの使用教科書。「身分制度のもとでのくらし」という項目で、「身分制度」、「武士・百姓・町人」、コラム「差別された人々」、「家制度と女性の地位」という内容構成になっている。

Q25 今後、部落の歴史はどう把握すべきなのですか？

近世政治起源説が否定されなければならないことはわかりました。では、今後、部落の歴史は、どのように考え把握したらよいのですか？

「同和対策審議会答申」後、今日まで各地で部落問題を考え、その解決をはかるために、行政による数多くの啓発《けいはつ》冊子・パンフレットが作成されてきました。それとともに、各地域で県史・市町村史などの編纂《へんさん》も進められ、地域ごとに部落にかんするそれまでの史料の見直し、あらたな史料の発掘も数多くおこなわれるようになりました。

この間、各地の研究者は、定説化されながらも幕府法令・各藩の史料では裏付けることのできない近世政治起源説を念頭において、この説を裏付けるに足る村方の史料を見つけ出そうと努力してきました。それは、近世権力が「民衆の不平・不満をそらすため」、あるいは「民衆を分断支配するため」に被差別部落を作ったとすれば、全国各地の膨大な村方の史料には、このことを明らかに示すような何らか

啓発冊子

埼玉県が一九九八（平成一〇）年に発行した啓発冊子で、各学校などに配布された。「同和問題とは」「同和地区（被差別部落）の歴史」「部落差別は残っている」「県民の意識状況」などが収められている。

の痕跡《こんせき》が残されているはずである、と考えてきたからです。
しかし、近世政治起源説を裏付けるような、村方の史料も見い出せないまま、今日にいたっています。

近世社会は「文書による支配」

近世という時代は、支配も制度化の方向に進み、「文書による支配」の時代となっていました。領主側の村への命令は、文書で村に伝えられ、それに対し、村から回答する必要がある場合には、村役人が文書によって返答することになっていました。村では村役人に伝達された文書とともに、回答書・嘆願書・回覧書など文書に認《したた》めたものは控《ひかえ》をとり、保存しておく習慣がありました。

このような「文書による支配」や文書の保存が可能であったのは、紙や筆・墨が豊富であったこともあげられますが、それ以上に大きな要因として、近世初期以降の村支配は、村の有力百姓である村役人層が文字を読み書きできることを前提にしておこなわれていたからです。そのため、村役人にとっては、文書の形式に熟知《じゅくち》し、次の同じような機会には参考にする必要があったのです。それは「えた」身分の人々にとっても同様でした。

部落に残されている寺子屋教科書

武蔵国和名《わな》村（現埼玉県吉見町）の甚右衛門《じんえもん》家は、江戸時代、長吏小頭として、この地域の長吏を統率してきた。この家に残された『鈴木家文書』により、甚右衛門家でも江戸時代初期から読み書き能力を身につけていたばかりでなく、和歌・俳諧《はいかい》などの文化活動をたしなんでいたことが明らかになっている。写真は鈴木家に残された寺子屋教科書である。

現在の私たちは、時代劇などのイメージから、江戸期の百姓といえば、無学で一方的に年貢を絞りとられる無力な存在として受けとめやすいのですが、このイメージは江戸期の百姓の実態と必ずしも重なるとは言えません。むしろ、近世初期より村落レベルでの有力百姓の文字を読み書きできる能力（リテラシー）は、かなり高かったと言えるでしょう。その結果、失われた文書も数多いとはいえ、現在の日本は世界の他の地域にくらべて、この時代の村落レベルでの文書が数多く残されています。

しかし、各地域でこれまで見直されたり発掘された膨大な村方の文書のなかからは、近世政治起源説を裏付ける史料ばかりでなく、その明確な痕跡《こんせき》を見つけ出すことさえもできずにいるのが現状です。そのため、行政による啓発パンフレットばかりでなく、部落史の研究者によって著された数多くの概説《がいせつ》書などが今日まで刊行されてきましたが、近世政治起源説の説明になると、どれもこれも「……不平不満をそらすねらいがあったのではないか、と言われている」、あるいは「……と考えられる」といった形で記述されているのみでした。「……という史料には、……と記されており、このことから近世権力が民衆の不平・不満をそらすねらいで、あるいは分裂支配するねらいで被差別部落をつくったということが明らかにわかる」と

出典）『埼玉の部落』

いった形での実証性を有する記述は、これまでなされてこなかったのは、そのためなのです。

研究者の政治・運動への「従属」ではなかったか

言うまでもなく、史料に基づいて研究し、論じ、記述するのが歴史学研究です。それにもかかわらず、近世政治起源説で「部落の起源」を説明しながら、歴史学研究者も、その論拠《ろんきょ》については、これまで曖昧《あいまい》なままにしてきた、と言っていいでしょう。

言い換えると、偏見《へんけん》に基づいた誤った説でありながらそれまで根強く広がっていた異民族起源説などを否定するうえで、近世政治起源説が大きな役割と意義を有する説であったため、研究者もこの説で記述してきたという面が強かったものの、史証性がないため、研究者といえどもこの説を記述するさいには「……と言われている」「……と考えられている」、あるいは「……と言いたい」「……と考える」という記述しかできなかった、というのが実態だったのです。

「歴史の真実」を追求するはずの歴史学研究者において、なぜ、このような実態があったのでしょうか。このことについては、早くから近世政治起源説を批判し

「中世政治起源説」の立場に立つ上杉聰さんが、この間の経緯を次のように述べています（上杉聰『これでわかった！部落の歴史――私のダイガク講座』解放出版社参照）。

これまでも、部落を社会の「最底辺」とみたり、「近世政治起源説」を成立させてきたのは、政治や運動への研究者からの「配慮」でした。それは、かつて厳しい差別のなかで、研究者が運動へ協力し、自らの社会的責任を果たす一つの「方法」であったかも知れません。しかし今、部落史研究の可能性は、大きく広がっています。学問として高度化するとともに、また厳密な批判や検討にさらされる段階に達しています。

上杉さんは、「政治や運動への研究者からの『配慮』」という言い方をしていますが、「配慮《はいりょ》」という言い方で済ますべき問題なのでしょうか。むしろ、研究者の政治や運動への「従属《じゅうぞく》」と言うべきでしょう。このことへの批判と反省がないかぎり、「学問として高度化する」ということもありえることなのでしょうか。私などは史証性があると思い込み、研究者の「配慮」のもとで説かれ続けてきた「近世政治起源説」にもとづき、教室で熱心に部落問題・部落史を語り続けてきたことを、今はただ恥じ入るばかりです。

「配慮」なのか「従属」なのか、それはさておき、「同対審答申」以後、四〇年をこえるようになりました。この間、部落史の研究も大幅に進展しました。各地域で、村方の史料を中心とした部落史の史料集も、数多く刊行されるようになりました。それらのなかに、今なお近世政治起源説の痕跡《こんせき》を見つけ出すことができないとすれば、この説は、もはや過去の学説として脇においておく必要があるでしょう。

この説を脇におき、この説にこだわらなかった場合、近世社会での賤民制の成立についての説明がつかない、というようなこともありません。むしろ、中世社会と近世社会のこれまでの歴史研究の成果をもとに、その歴史的発展の過程をたどっていくことで、被差別民、とくに近世の「えた身分」となっていた人々については、中世と近世の連続性が浮かびあがってくる、と言っていいでしょう。

被差別部落の発展・展開は段階ごとに把握すべき

「被差別部落の起源」について言えば、被差別部落は「浄穢《じょうえ》」観を主とし、「貴賤」観、血統・血筋観を肥大化させていった、中世社会の発展そのものがみずから作りだし、「社会のしきたり」となったのち、近世権力が制度化した、としか言い

獣骨の投棄遺跡（大阪府）

この部落では、近世の地層から死牛馬処理の跡をしめす獣骨が発見されているが、中世の一四〇〇年代の地層からも牛馬その他の獣骨が多数発見されている。このことから、この集落は、中世から死牛馬の処理をし、連続的に近世にいったのではないかと考えられている。写真は一四〇〇年代の地層の発掘光景である。

ようのないものです。こうした見方をあえて名付けるとすれば「中世社会起源説」とでも名付けた方がよいかも知れません。

　このことについて、近世政治起源説を「支持することはもやできないと考える」研究者の一人である斎藤洋一さんは、「そもそも中世の被差別民、近世の被差別民は『社会がつくったもの』といってもよいが、そのように表現してしまうと、私たち一人ひとりの問題であるという意識がうすらいでしまうという懸念《けねん》」から、あえて「みんながつくったもの」と言いたいと考え、そのように表現しています。

　そして、その理由として、「みんなが、ある一群の人々を『賤視』『排除』するのが当然だと観念していなければ、被差別民は生み出されないはずである」ということをあげています（大石慎三郎・斉藤洋一『身分差別社会の真実』講談社現代新書参照）。

　斎藤洋一さんの「みんながつくったもの」という表現については賛否があるかもしれませんが、政治権力がいきなり作ったのではないということだけは、その理由を含めて、これまで述べてきたことから理解できるかと思います。

　しかし、「被差別部落の起源」を考えるうえで大切なことは、概念規定が曖昧で多義的な要素を含む「起源」ということに過度にこだわることよりも、日本社会の

出典）渡辺俊雄『部落史がわかる』（解放出版社）

歴史的発展段階のなかで、被差別部落そのものがそれぞれどんな段階にあったのか、ということを重視することではないでしょうか。

確かに「起源」の問題は、部落問題を研究するうえで、その前提となる「そもそも部落とは何か」ということを把握するために、欠かせない重要性をもつものです。しかし、研究者でない人々も含めて、これまでは「起源」という枠組みに過度にこだわるあまり、被差別部落の発展・展開をいくつかの段階に分けて把握する視点が、ともすれば弱かったように思います。

ごくあたりまえの視点を重視する

本書では、一〇〜一一世紀の段階を「被差別部落の胚胎期《はいたいき》」、中世社会の段階を「被差別部落の形成期」、近世社会の初頭一六世紀末から一七世紀半ばの段階を「被差別部落の成立期」、一七世紀後半の段階を「被差別部落の確立期」として把握することを提起してきました。これは、このような問題意識をもっているためです。

ただし、被差別部落の形成と成立については、これまで畿内およびその周辺と東日本との違いで述べたように、一般化しにくいほどの地域性がかなりあります。それぞれの地域で、被差別部落はどのように形成され成立してきたのか、ということとを実証的に考察し、把握することが必要です。

このことに加えて、教育の場などで「被差別部落の起源」を論ずる以上に大切なことは、「いかなる歴史、起源があろうとも、現代の社会で『生まれによる差別』は許してはならない」というごくあたりまえの視点です。このことがもっと重視されなければなりません。

そして、これらの視点をきちんとおさえておけば、「近世政治起源説でないと、教えるさいに混乱する」などということは何もないはずです。

現在の社会において、「被差別部落の起源」のことを知ることは確かに部落問題を理解する一助《いちじょ》となりますが、「被差別部落の起源」をすべての人が知ると、部落差別がなくなるように考えることは飛躍《ひやく》した考え方と言えるでしょう。むしろ、「被差別部落の起源」がきちんと把握できないと、現代社会での部落問題は解決できないというような一面的な思い込みこそ、問われなければならないものです。

今後の部落問題・部落史の把握のために

日本の民衆もまた他の地域の民衆と同様に、それぞれの時代のなかで成長してきた存在です。いつの時代をみても、被差別民を含めた民衆は、生活の向上と解放を求めて成長してきています。そして、風土・時代風潮などにあわせた文化を創造してきた存在です。むろん民衆は、社会の発展段階によるさまざまな制約のなかで、成長しきれなかった部分や弱さを抱えているものです。

現代の部落問題も、その民衆の成長しきれなかった部分や弱さのあらわれです。しかし、そのなかでも現代社会で部落問題が意識され、社会全体で解決への努力がなされ成果をあげてきているのは、近代社会とくらべて民衆の人権意識が向上してきた結果ととらえていくことができるかと思います。

歴史の発展という観点でみると、現代社会での人権意識の向上こそが、近代社会を経て成長してきた民衆の姿に他ならないものです。こうした見方は一面的な見方とは言えないはずです。

今後は、近世政治起源説で部落問題・部落史を強調し把握することよりも、むしろ中世被差別民と近世被差別民との連続性と非連続性を考えつつ、被差別民が、①農業に励《はげ》み田畑を拡大してきたこと、②社会になくてはならない多くの品々を生産・販売してきたこと、③春駒《はるごま》・万歳《まんざい》・大黒舞《だいこくまい》など日本の伝統文化とされる数々の芸能のにない手であったこと、④雪駄《せった》づくり、機織《はたお》りに欠かせぬ「筬《おさ》」の製造・販売など多様な生業をおこなうことで、全人口の停滞した江戸中後期にもその人口を

春駒

広島・大阪・和歌山・新潟など各地の部落に伝えられてきた春駒は、正月に家々をまわり新年を祝福する縁起のよい芸能であり、人々の生活に潤《うるお》いをもたらした。

出典）『部落問題読本』

着実に増大させてきたことなどを学び、被差別民本来の姿を把握していくことが重要視されなければならないと思います（これらの具体例は、拙著『部落問題読本』明石書店参照）。

歴史のなかの被差別民もまた民衆です。これら①～④は、「それぞれの時代のなかで成長してきた民衆」の姿を具体的に示す、歴史的な事柄です。

そして、それぞれの社会の発展段階のなかで、歴史のなかの日本の民衆の、成長しきれなかった部分や弱さは、どのような社会の仕組みや観念からであったのか、ということを追求することが大切なことであると考えます。

こうした視点での部落問題・部落史の把握こそが、私たちもまた成長していかざるを得ない民衆の一人であることを自覚することにつながるのであり、そこに部落問題の根本的な解決の道があると言えるでしょう。

機織りと「筬」

機織りは一本一本の糸を「筬」にとおしておこなう。機織りの優劣を決定づける「筬」づくりには、高度な熟練が必要とされる。その「筬」を製造・販売してきたのは、部落の人々であったことが近年明らかにされている。

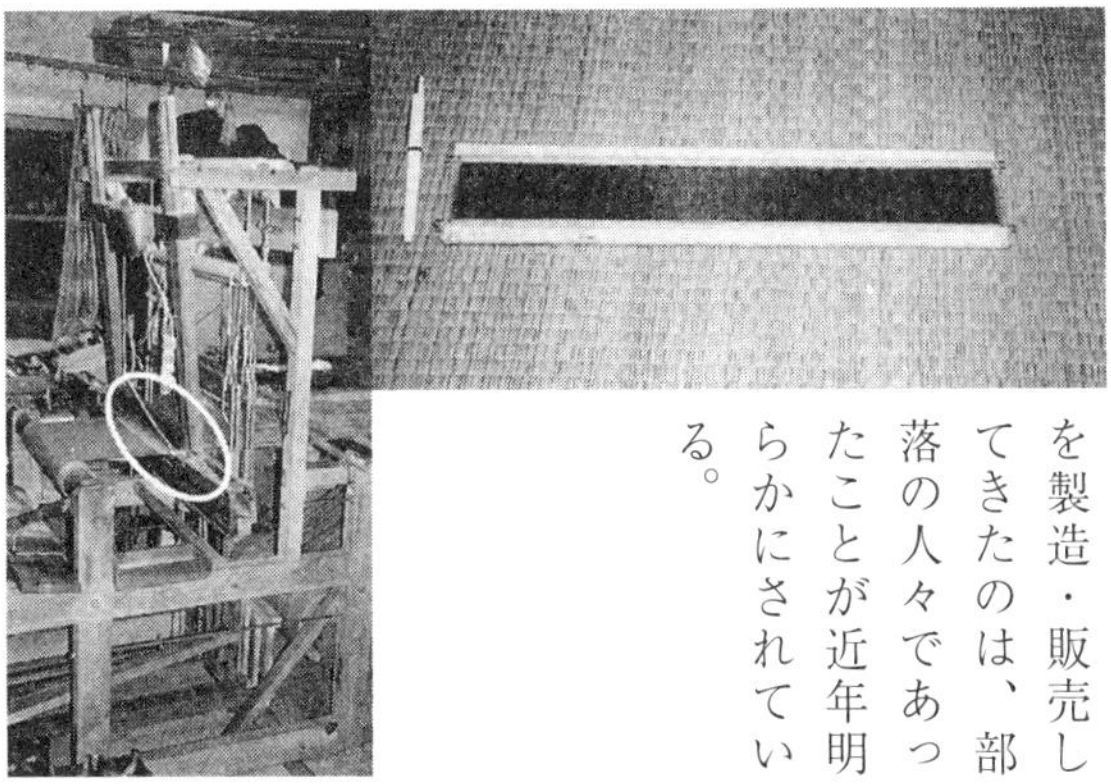

筆者撮影

Q26 今後の解放運動を考えるうえで、大切なことはなんですか?

部落の環境改善などがすすんだ今日、まだ何か必要なことがあるのですか? 私たちにとって、部落問題への取り組みは、どのような意味があるのですか?

部落史・部落問題を考えるうえでのさまざまな今日的課題のなかで、近世政治起源説の否定という問題とともに、もう一つあげられる課題は、部落差別をどのように定義づけ、部落解放運動をどう進めていくのか、ということです。

部落差別については、それが厳密にどういうことをさすのか、明らかなようでいて実は明らかでなく、その定義も研究者などによりまちまちで、定まっているとは言い難いという現状があります。

これはまず、「部落」とは何か、「差別」とは何かということを定義づけること自体の困難さがもとになっています。

しかし、これまでの厳密な歴史学研究の成果をもとに、部落差別とは何かということをきちんと定義づけようとしない限り、賤民史研究も「学問として高度化する」ことはできず、どのような段階にいたると、部落差別は解消したことになるのか、という論議もすれ違うばかりということになるでしょう。

敗戦後、部落差別が厳しく、地域のなかで解放運動を進めることにさえ大きな障害を持っていたなかでは、「日常生活に生起する、部落にとって、部落民にとって不利益な問題はいっさい差別である」と規定した時代もありました。

この規定は、「部落排外主義」と批判されようとも、何が部落差別かを地域社会での現実から明確に定義づけ判断することの難しさのなかで、解放運動の側にとっては、部落の人々が差別を受けていることをまず自覚し、解放運動にともに立ち上がることを求めるうえで、意味のあるものでした。

同時に「差別にあたるかどうかは、その痛みを知っている被差別者にしかわからない」という規定もありました。これは、差別されている側からの悲痛な叫びでした。

「登山口は違っていても、頂上は同じ」

「差別にあたるかどうかは、その痛みを知っている被差別者にしかわからない」という前述の規定は、部落差別が厳しく、日本社会全体もその解消に無関心であった、同和対策審議会答申が出される一九六五（昭和四〇）年以前には、「部落差別を受けてきた私たちの痛みを、人間としてきちんと受けとめてほしい」ということでもあったのです。ところが、その後もこの規定が一人歩きをするような形で、〈差別―被差別〉という関係が強調されました。

そのため、「それが部落差別だ」と指摘された当事者にとっても、みずからの言動・行為が部落差別であるのかどうかを納得することができないまま、沈黙せざるを得ないということがありました。それが過去には、ときとして運動の行き過ぎと受けとられ、部落問題が「日本社会のタブー」であるかのように扱われる、というマイナス面ももっていたことは否定できません。

今日においても、解放運動を部落外の人々に広めていくことがなかなかできないでいるのは、部落差別が私たちの日常生活のなかに根ざした差別であることや、日本社会での人権感覚の乏しさにあることが主としてあるのですが、運動自体もこのマイナス面をなかなか克服できないでいることとも、かかわりがあるのです。

運動としては、〈差別―被差別〉という関係より、むしろ〈差別―反差別〉という関係をあらゆる機会に強調し、部落の人々も、部落外の人々も、それぞれの立場から〈反差別〉という視点でともに歩むという、「おおらかさ」「広がり」が、ともすれば欠けていたと言えるでしょう。

日本の場合、こうした「おおらかさ」「広がり」が欠けているのは、部落解放運動ばかりでなく、さまざまな社会運動にも見受けられる欠点です。その欠点は運動の純粋さを維持するということを重視することに起因すると考えられますが、純粋さを重視し、保持しようというあまり、そのことのために運動自体はやせ細っていく、ということになりがちです。

部落解放運動の場合、「おおらかさ」が許されないほど差別が厳しかったことは事実としてありました。しかし、現在は運動の理念、進め方も大きく変わり、「反差別」ということが強調されるようになっています。これは、このような反省も大きく作用している、と見てよいのではないかと思います。

今後は部落の人々も、部落外の人々も、それぞれの場で「登山口は違っていても、めざす頂上は同じ」という視点をもっと広め、重視していく必要があると言えるでしょう。

部落問題への取り組み——成熟した社会に向けて

部落差別については、これまで解放運動に力をつくしてきた藤田敬一さんが

『同和はこわい考』（阿吽社）のなかで、「前近代からうけつがれてきた、身分制と不可分の賤視観念にもとづいて特定地域にかつて居住したことのある人びととその子孫、もしくは現に居住している人びとを種々の社会生活の領域において忌避もしくは排除すること」と定義づけています。

この定義づけは、部落の人々が出生地に継続して居住し続けた場合ばかりでなく、その出生地を離れてどの地域に居住しようとも、子孫ともどもその系譜もしくはその出生地を口実に、生活していくうえで「忌避もしくは排除」という差別を受けなければならないという実態からすると、おおむね妥当な定義づけと考えられます。

ただし、藤田さんは「前近代から……」と規定しており、「近世から……」「江戸期から……」と規定することを避けています。これは、「被差別部落の起源」については「近世政治起源説」を留意ないし支持しない立場に立って、あえて「前近代から……」という曖昧な表現をしたと考えられます。しかし、このような規定では「近世」「中世」ばかりでなく「古代」からとも受けとれるもので、定義づけとしては必ずしも十分とは言えません。

こうしたことや、これまで述べてきたことをもとに、部落差別については、藤田さんの定義づけを発展させ深める形で、次のようにもっと綿密に定義づけておきたいと思います。

「『浄穢』観を主とし『貴賤』観、血統・家筋（種姓）観念を肥大化させた中世社会において形成され、近世社会で制度化された身分差別が、近代社会に入り廃止されたものの、近代社会のなかでもこれらの観念自体が強く残されたことで、特定の地域が一九〇〇年前後に『特殊部落』として設定され、その地域にかつて居住したことのある人々とその子孫、もしくは現に居住している人々を種々の社会生活、社会関係において忌避・疎外もしくは排除すること」

また、部落差別は差別される側の問題ではなく「差別する側」すなわち部落外の人々の問題であること、また、現在、被差別部落に居住し、差別を受けている人々すべてが、江戸期の被差別身分の子孫ではなく、明治以降の流入により、系譜的には連続性を必ずしも有さない人々がいること、これらのことは重ねて強調しておきたいと思います。

日本社会を構成する一人ひとりが、部落差別とは何かということを考え、これまで解放運動が日本社会で果たしてきた役割を理解し、この差別が私たちの日常生活の意識と深くかかわっていると自覚したとき、部落問題への取り組みは、日本社会の民主化をより一層進め、自他の人権を保障しあう社会を築きあげるという課題にほかならないことが見えてくるのではないでしょうか。

世界人権宣言以降、現在の世界は人権保障の度合いがその社会の成熟さの度合いを示す指標となっているのです。

〈著者略歴〉

小松克己（こまつ　かつみ）

1951年・秋田県生まれ。埼玉県・高校教員。歴史教育者として、部落、朝鮮・韓国、沖縄、アイヌ、地域史に問題関心をもちつつ、今日にいたる。現在、高校日本史教科書の編集・執筆にたずさわっている。本書は、比較史的な視点から賤民を論じた『問い直す差別の歴史［ヨーロッパ・朝鮮賤民の世界］』（緑風出版、2005年）と対になる書である。

＜主要著書・著作＞

『入間市史通史編』（共著・入間市、1994年）、『部落問題読本』（明石書店、1994年）、「福沢諭吉の『まなざし』から植木徹誠の『まなざし』へ」『脱常識の部落問題』（朝治武他編・かもがわ出版、1998年）、「第一次世界大戦に日本はなぜ、参戦したのか」『100問100答・日本の歴史５　近代』（歴史教育者協議会編・河出書房新社、1999年）、「武州世直し騒動　─世直しで『国病』の根を断たん」『図説日本の百姓一揆』（同会編・民衆社、1999年）、「日韓条約批准を強行した佐藤栄作」『人物で読む近現代史・下』（同会編・青木書店、2001年）、「えた・ひにんへの差別はいつ、どうして生まれたのですか」『日本史・歴史教科書の争点50問50答　─中学生の疑問に答える─』（同会編・国土社、2003年）、『シリーズ憲法９条第２巻　平和を求めた人びと』（同会編・汐文社、2005年）、「武州鼻緒騒動」『みて学ぶ埼玉の歴史』（「みて学ぶ埼玉の歴史」編集委員会編・山川出版社、2002年）、『高校日本史Ｂ』（共著・実教出版、2004年）、「いまも問われる日本側の歴史認識（戦後の日韓関係）」『教科書から消される戦争』（「週刊金曜日」別冊ブックレット７、2004年）。

プロブレムＱ＆Ａ

問《と》い直《なお》す「部落《ぶらく》」観《かん》

［日本賤民の歴史と世界］

2006年2月25日　初版第1刷発行　　定価1800円＋税

著　者　小松克己©

発行者　高須次郎

発行所　緑風出版

〒113-0033　東京都文京区本郷2-17-5　ツイン壱岐坂

〔電話〕03-3812-9420　〔FAX〕03-3812-7262　〔郵便振替〕00100-9-30776

［E-mail］info@ryokufu.com

［URL］http://www.ryokufu.com/

装　幀　堀内朝彦

組　版　R 企 画　　印　刷　モリモト印刷・巣鴨美術印刷

製　本　トキワ製本所　　用　紙　大宝紙業　　E2500

ISBN4-8461-0520-2　C0336

●緑風出版の本

全国のどの書店でもご購入いただけます。
店頭にない場合は、なるべく書店を通じてご注文ください。
表示価格には消費税が加算されます。

プロブレムQ&A
問い直す差別の歴史
［ヨーロッパ・朝鮮賤民の世界］
小松克己著
A5判変並製
二〇〇頁
1700円

中世ヨーロッパや朝鮮でも日本の「部落民」同様に差別を受け、賤視される人々がいた。本書は、人権感覚を問いつつ「洋の東西を問わず、歴史のなかの賤民（被差別民）は、どういう存在であったか」を追い求め、差別とは何かを考える。

プロブレムQ&A
部落差別はなくなったか？
［隠すのか顕すのか］
塩見鮮一郎著
A5判変並製
二五二頁
1800円

隠せば差別は自然消滅するのか？　顕すことは差別を助長するのか？　本書は、部落差別は、近代社会に固有な現象であり、人種差別・障害者差別・エイズ差別などと同様に顕わすことで、議論を深め、解決していく必要性があると説く。

プロブレムQ&A
どう超えるのか？　部落差別
［人権と部落観の再発見］
小松克己・塩見鮮一郎共著
A5判変並製
二四〇頁
1800円

部落差別はなぜ起こるのか？　本書は被差別民の登場と部落の成立を歴史に追い、近代日本の形成にその原因を探る。また現代社会での差別を考察しつつ、人間にとって差別とは何であるのかに迫り、どう超えるかを考える。毎日新聞で絶賛！

プロブレムQ&A
在日「外国人」読本［増補版］
［ボーダーレス社会の基礎知識］
佐藤文明著
A5判変並製
一八四頁
1700円

そもそも「日本人」って、どんな人を指すのだろう？　難民・出稼ぎ外国人・外国人登録・帰化・国際結婚から少数民族・北方諸島問題など、ボーダーレス化する日本社会の中のトラブルを総点検。在日「外国人」の人権を考える。

プロブレムQ&A
アイヌ差別問題読本［増補改訂版］
［シサムになるために］
小笠原信之著
A5判変並製
二七六頁
1900円

二風谷ダム判決や、九七年に成立した「アイヌ文化振興法」など話題になっているアイヌ。しかし私たちは、アイヌの歴史をどれだけ知っているのだろうか？　本書はその歴史と差別問題、そして先住民権とは何かをやさしく解説。最新版。